経営組織論の基礎

―要点整理―

東 俊之・當間 政義　編著

池田玲子　　呉　　贇　　北野　康
関　朋昭　　仁平晶文　　平井直樹　　著
堀野亘求　　宮下　清　　山本知己

五絃舎

はしがき

　本書は，大学ではじめて「経営学」や「組織論」という授業を履修することになった学生の皆さん，また働き始めて「組織」を深く考える場面に出くわした新社会人の皆さんを読者として想定している。そのため，単なる経験的な組織についての知恵ではなく，誰しもが理解し，活用できる知識を提供することを目的としている。しかし，新しい書籍を出版し，手に取ってもらうためには，すでに世の中に溢れている経営学や経営組織論の入門書と差異化を図る必要がある。そこで本書の特徴を最初に紹介しておきたい。

　まず，「教科書とハンドブックの中間」であることを意識している点である。なるべく一つ一つの理論の説明が冗長にならないように，字数を制限し，要点を絞って，端的に理解できるように工夫している。一方で，経験則のみで語られているようなビジネス書にはない，実社会で使える理論や知識を提供したいとも考えている。そのために，本書では経営組織論で押さえておくべき内容を網羅的に記述している。

　次に，応用編として様々な組織体について言及している点である。経営組織論のオーソドックスなテキストであると，「企業」を対象組織として想定し理論が紹介されていることが多い。しかし，組織といっても多様であり，我々は様々な組織体に所属している。そこで，色々な組織体の特徴を簡潔にまとめている。個別に各組織体を論じている書籍はあるが，経営組織論の初学者向け書籍ではあまり見られない特徴である。

　本書は，4部構成になっている。まず第1部（第1章・第2章）は「組織論の全体像」を示している。経営組織論を見る基本的な視点を示し（第1章），経営組織論で用いられる組織の概念を説明している（第2章）。

　また，第2部（第3章〜第6章）は，組織の中の個人や集団に注目する「ミ

クロ組織論」について説明している。まず，組織と人間との関係を紹介し（第3章），組織内で個人が生き生きと活動するためのポイントを考え（第4章），そのうえで組織内で成長する要点を指摘している（第5章）。さらに，個人だけでなく組織の中の小集団（グループ）やチームの特徴や問題点が説明されている（第6章）。

　次に，第3部（第7章〜第10章）は，環境と組織の相互作用関係から組織そのものを考える「マクロ組織論」の諸議論を解説している。そもそも環境とは何かを詳しく説明したのち（第7章），基本的な組織構造と今日の環境に合わせた構造の変化を説明している（第8章）。さらに，変化する環境に適合するための組織変革や組織学習が議論されている（第9章）。加えて，環境要因でもある他組織との関係のマネジメントについても言及している（第10章）。

　そして，第4部（第11章〜第15章）では，個別の組織体の特徴を限られたページ内ではあるが詳細にまとめている。最初に代表的な組織であり経営学で想定されることが多い企業の特徴をコーポレート・ガバナンスやCSRといった今日では不可欠である視点から説明している（第11章）。また企業組織の一形態ではあるが，我々が生活するうえで身近で不可欠な存在である流通組織の特徴を述べている（第12章）。さらに社会課題の解決のためにその役割が期待されているNPO（非営利組織）についての詳細が説明されている（第13章）。くわえて，非営利組織のひとつである病院や，企業のひとつである医薬品業界の組織の特徴も本書では言及している（第14章）。そして特に学生諸君にとって，組織して想像しやすい体育会系の運動部やスポーツサークルなどを含むスポーツ組織について詳細を述べている（第15章）。本書で取り上げる組織体は以上であるが，そのほかにも多くの「組織」が考えられる。例えば学校組織や行政組織などがその一例であろう。本書では取り上げることはできないが，別途議論していきたいテーマである。

　このように本章では，「組織とは何か」を幅広く理解できる構成になっている。今までの初学者向け経営組織論のテキストにはない，痒い所に手が届くような書籍，言い換えれば「孫の手」のような書籍になるように意識して各章の

執筆をお願いした。しかし，「痒い所」は個人によって変わってくるだろうし，時代によっても変化するだろう。今後も多くの読者に訴求できるように，本書の内容をバージョンアップさせるべく，真摯に研究を続けたい。

　本書の出版に際しては，多くの方々の協力をいただいたとともに，ご負担やご迷惑をおかけした。共編著者である當間政義先生（和光大学）からお話を頂いてから，すでに3年以上の歳月が流れている。途中，新型コロナウイルス感染症（COVID-19）という大学教員にとっては未曾有ともいえる環境変化が起こったことも理由のひとつであるが，編著者（東）の不手際が，時間がかかった最大の理由である。早い段階で原稿をまとめていただいていた執筆者にはまずもってお詫びしたい。そして，當間先生には2021年4月から編者に加わっていただいた。遅々として進まなかった本書が上梓する運びとなったのは，先生のおかげである。厚く御礼申し上げたい。さらに，なかなか揃わない原稿を辛抱強く待っていただき，出来上がった原稿を早急かつ丁寧に編集作業を行っていただいた，五絃舎の長谷雅春社長にも感謝申し上げたい。

　2021年8月

編著者を代表して

東　俊之

執筆分担（執筆順）

東　俊之──────第 1 章，第 7 章，第 10 章担当

仁平晶文────────────第 2 章担当

當間政義────────────第 3 章担当

北野　康──────第 4 章，第 6 章，第 9 章担当

宮下　清────────────第 5 章担当

平井直樹────────────第 8 章担当

呉　　贇────────────第 11 章担当

山本知己────────────第 12 章担当

堀野亘求────────────第 13 章担当

池田玲子────────────第 14 章担当

関　朋昭────────────第 15 章担当

目　次

第3部　環境に囲まれた「組織」－マクロ組織論－

第 4 部　様々な組織体

第1部　組織論の基礎

第 1 章

組織論の射程

†

●予習課題①

あなたの身の回りには，どのような「組織」があるだろうか。また，それはなぜ「組織」であるといえるのだろうか。組織と似た概念との違いを考えてみよう。組織とは何かを理解することで，本書の全体像を容易に把握しやすくなります。

●予習課題②

あなたにとって「よりよい組織」とは何だろうか。いろいろな見方ができると思いますが，具体的な例をイメージした方が，次章以降で学習する経営組織論の各理論を深く理解することができます。

1.1　経営組織論とは

1．経営学とは

「経営組織論」と聞いても，パッとイメージがわかない，という人も多いかもしれない。「組織」というと，何となく部活動やグループ活動が思い浮かぶけれど，そこに「経営」という言葉がつくと，なんだか急に難しくなるように感じる。まずはこの点を整理しておこう。

そもそも経営とは，「ヒト・モノ・カネ・情報といった経営資源を組み合わせて，より多くの，より上質の成果を得ること」（田尾・佐々木・若林, 2004, p.i）であるとの認識が広まっている。つまり，「お金儲け」ではなく，「成果」を追求することが経営活動なのである。この点をまずは確認しておきたい。さらに言うと，どのようにすれば「少ない資源で，より多くの成果が得られるか」という効率を追求し，どのようにすれば「望ましい成果を手にすることができるか」という有効性を追求できるのかを考えるのが，経営学であるといえる。

2. 組織論とは

「組織とは何か」と問えば，「人が集まって，目的に向かって，何かすること」ということが想像できるだろう。この考えは，まったく的外れではなく，むしろ組織の本質を捉えている。詳しくは，第2章で説明することになるが，学問の世界でも「複数の人々が，目標に向かって，協力するシステム」，つまり「協働のシステム」として組織を概念化して考えることが多い。そして，この組織を対象にした学問分野が「組織論」である。

3. 経営組織論とは

これまで見てきた通り，経営学は「成果を得るための方法を考える学問（分野）」であり，組織論は「協働システムを対象とした学問（分野）」であるといえる。そして経営組織論はこの二つを足し合わせて，「成果を得るために，協働システムとしての組織をどのように運営（マネジメント）すればよいかを考える学問（分野）」であると本書では定めておきたい。

このように考えると，経営組織論は我々の身近に役立つ知識を提供してくれるものである。例えば，高校の部活動を例に挙げてみよう。「全国大会を目指す」という目的を持って活動しているサッカー部が，県大会を勝ち上がり，無事に全国大会に出場することができた。これは一つの成果といえる。ではなぜ，この成果が得られたのだろうか。「優秀な選手が集まっていたから」，「運が良かったから」，「学校がたくさんのお金を出して施設を整えてくれた」という側面もあるだ

ろうが，「みんなで練習を考えて，実施した結果，個々人の能力が上がった」，「試合中もそれぞれのポジションで力を発揮し，ピンチの場面では率先してサポートに入った」など，協力して力を発揮することで成果を得られることも多々あるに違いない。「協働システムとしての組織」をどうすれば構築することができるのか，「協働システムとしての組織」の中で個人がどのようにすれば力を発揮してくれるのか，これらの問いについて論理的に考えていくのが経営組織論であるということができる。

　もっとわかりやすく簡単な例で考えよう。明日友達 3 人で山登りにいくとしよう。どこの山に登るか，どのようなルートで行くか，誰がどのような準備をするか，などを明確に決めておいた方が，「楽しい山登り」という成果につながるわけである。

　このように，我われの日常生活の中で，経営組織論の知識・知恵を生かすことができる。身近で実践的な学問分野であることを，まずは理解しておいてほしい。

1.2　経営組織論を学ぶ視点

　「経営組織論」では，組織を 2 つの視点から見ていくことが多い。1 つ目は，「オープン・システムとしての組織」であり，2 つ目は「マクロ組織論とミクロ組織論」の視点である。それぞれの詳細について検討していこう。

1.　組織を見る視点①：オープン・システムとしての組織

　経営組織論を考える重要な視点の 1 つ目は，組織が環境に囲まれて存在していると考えることである。ここでいう環境とは，いわゆる経営環境とよばれるもので，組織の経営活動に影響を及ぼす外的な要因のことを指している（詳細は，第 7 章を参照）。この組織を取り巻く環境は，常に変化しているものである。そして，経営環境の変化に対応することによって，はじめて組織は存続・発展が可能になる。

　しかしながら経営組織は，必ずしも経営環境の変化に対して受け身の存在とい

うわけではない。環境へ何らかの働きかけができる存在であるともいうことができる。このように，経営組織は，経営環境と動態的に相互に作用するシステムであるといえる。これはオープン・システムと呼ばれている。では，このオープン・システムとしての組織は，経営環境とどのようにかかわりあっているのだろうか。そこで，インプット⇒変換⇒アウトプットという３つの段階からオープン・システムとしての組織を考えてみたい。

　まず組織は，外部の環境に存在しているヒト・モノ・カネ・情報といった経営資源を入手する（インプット段階）。そして，入手した経営資源をうまく組み合わせて，製品やサービス，さらにはノウハウや情報，また人の成長などといった付加価値のあるものに変化させる（変換段階）。そして，生み出した付加価値のあるモノを，市場や社会といった外部環境に供給することになる（アウトプット段階）。この一連のプロセスは，企業組織だけに限らず，すべての組織の活動で行われている。

　一方で，組織が生み出した「モノ」が，誰も望んでいないものであったらどうなるだろうか。外部の誰かが受け入れてくれて，初めて原材料に価値をつけることができたといえる。そして，この付加価値こそがまさに「成果」というものである。だからこそ誰も受け入れなければ成果を生み出すことができずに，組織が存続することは難しくなる。そのため組織は，経営活動において，外部環境（ここでは市場や社会）がどのような「モノ」を望んでいるのかをきちんと把握できる能力も必要なことということができる。

　ちなみに，オープン・システムがあれば，「クローズド・システム」として組織をみる見方もある。クローズド・システムは，組織を環境要因と切り離し，あたかも単体で存在していると仮定している。そして，最も効率の良い組織の構造や組織内のマネジメント方法・管理方法を追求する。初期の組織論の多くは，クローズド・システムとしての組織観にもとづいて研究されており，第２章で取り上げる「官僚制」「科学的管理」「管理原則」のクローズド・システムの見方である。

図表 1-1　オープン・システムとしての組織

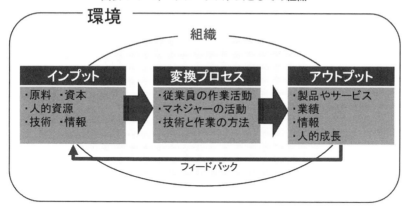

出所：S.P. ロビンス著（髙木晴夫監訳）『マネジメント入門　グローバル経営のための理論と実践』組ダイヤモンド社，2014 年，p.35 を一部変更（原著，2013 年）。

2.　組織を見る視点②：ミクロ組織論とマクロ組織論

(1) ミクロ組織論

　前項で説明してきたように，現在の経営組織論では組織をオープン・システムとして考えている。しかしそれだけではない。組織の中の個人にも目を向けることが不可欠である。

　例えば，いくら経営資源を集めてきても，組織の中で付加価値を生み出す活動が適切に行われなかったとしよう。付加価値を生み出す活動を実際に行うのは，組織に所属する個々の人間である。言い換えると，この人間が組織の中で力を発揮してくれなければ，結局のところ，良い成果を生み出すことは不可能になる。こうした「組織の中の個人の活動」に焦点を当てる分野を組織論の中では「ミクロ組織論（組織行動論）」と呼んでいる。具体的な研究テーマでいえば，リーダーシップ論，モチベーション論，キャリア論などが含まれている（それぞれの詳細は，次章以降を参照してほしい）。

　さらに，ミクロ組織論の中には，「集団（group）」についての諸議論も含まれている。経営学の分野の中では，集団とは「特定の目的を達するために集まった，

お互いに影響を与え合い依存し合う複数の人々」（ロビンズ，2009）であると定義されている。日常生活では，あまり集団と組織を区分することはないかもしれないが，相互に依存しあう関係である集団は「個人」と「組織」の中間に位置している。そして，集団を分析対象とする場合には，密な人間関係を前提にすることが必要である。

　組織の中で働く個人や，人間関係を有する集団を対象とするミクロ組織論は，心理学や社会学の理論を応用し，「より良い成果」をあげるために，個人や集団をどのようにマネジメントすれば良いかを考えていくのである。

(2) マクロ組織論

　ところで，いくら個々の人間が頑張って働いていても，「協働システム」そのものが成り立っていなかったり，効率が悪かったりすると，それでは結局望ましい成果が得られないことになる。このことについても，簡単な例を示しながら説明していくことにしよう。例えば，3人が協力してカレーを作ると想定したい。1人は野菜を切る作業を担う。別の1人は肉や野菜を炒める作業を担う。そして，他の1人はカレーをかき混ぜる作業を担っているとする。すべての人が全力を投入し作業を進めていたとしても，明らかに野菜を切る作業の方が，すべき活動量が多いことがわかるだろう。そして，カレーをかき混ぜる作業を担当する人は，野菜を切ったり炒めたりする作業が終わらないと，作業に取り掛かることができない。むしろ，自分が本来担当する作業を行うためには，野菜を切る作業を手伝った方が，よほど効率が良いとさえいえる。

　誰がどのような作業に対して役割を担うのかは，分業と呼ばれている。また作業間の分業をどのように調整するのかも不可欠になる。こうして分業と調整の仕組みを作っていくことで，徐々に組織のカタチ（構造）が整っていくというわけである。さらに，この組織構造も外部の経営環境の変化や規模，あるいは組織メンバーの能力によっても変更していかなければならないことも容易に理解できる。このように，組織構造など組織それ自体や，外部環境と組織の接点やそれに伴う組織の変化，組織と組織との関係などを扱う分野は，組織論の中でも「マクロ組織論（組織理論）」と呼ばれている。組織構造論，組織変革論，組織間関係論，

組織文化論などがその具体的なテーマとなっている。

このマクロ組織論は，社会学を主とし，経済学，法学（制度），政治学（行政）などを基礎分野としている。「社会」を対象とした学問である社会学の様々な知識を援用し，「社会活動システム」としての組織そのものと，それを取り巻く環境という「社会」との合理的な関係性を分析対象にするのがマクロ組織論であるといえる。さらに，「より良い成果をあげるためにどうすれば良いか」ということを前提に，環境の変化に合わせて経営組織を変化させるという点も，マクロ組織論では忘れてはいけないポイントである。

図表 1-2　マクロ組織論とミクロ組織論

	マクロ組織論	ミクロ組織論
基礎学問分野	社会学	社会心理学, 心理学
対象	組織や組織群（業界や産業など）	個人や集団
主なトピックス	組織学習	モチベーション
	組織構造や組織形態	リーダーシップ
	組織の進化	キャリア
	組織変革	組織コミットメント
	組織コンフリクト・パワー	職務設計

出所：鈴木竜太（2011）「組織論」一橋大学イノベーション
　　　研究センター監修『はじめての経営学』東洋経済新報社，
　　　p. 55。

1.3　経営組織論の射程

1.「個人⇔組織⇔環境」のダイナミクス

これまで説明してきたように，経営組織論は「成果を得るために，協働システムとしての組織をどのように運営（マネジメント）すればよいかを考える学問」といえる。そこには，①組織内で働く個人をどうするか（ミクロ組織論の視点）②組織と組織を取り巻く環境との関係をどうするか（マクロ組織論の視点）の2

つの側面を考えることが必要である。

　このことから，経営組織論は「環境⇔組織⇔個人」のダイナミックな関係を考えていく必要がある。そして，それぞれどこに視点をフォーカスするかによって，経営組織論はさらに細分化されていくわけである。ここで，もう少し細分化された分野を挙げていきたい。

　例えば「個人⇒組織（の個人）」への働きかけに注目する分野が，リーダーシップ論である（第4章）。また，「組織⇒個人」への働きかけに注目する分野が，モチベーション論や人的資源管理論（第4章および第5章）といえる。そして，「環境⇒組織（の構造）」への働きかけに注目する分野が，コンティンジェンシー理論であり（第7章），「組織⇒環境（にある他組織）」との関係を考えるのが，組織間関係論（第10章）である。

　本書の以下の章が「環境⇔組織⇔個人」のどこに焦点を当てた議論なのか，考えながら学習してほしいと考えている。

2.　各組織の特徴

　また，「組織」といっても様々なものが考えられる。企業，病院，NPO やスポーツ組織などなどである。第2章で詳細を説明することになるが，バーナード（1938）は組織を成立させるための要素として，共通目的，貢献意欲，伝達（コミュニケーション）の3つを挙げている。こうした成立要件は，それぞれの組織の特徴によって，少しずつ異なってくる。

　例えば，企業組織の場合と NPO の場合では，共通目的は当然違う。収益を上げることを目的とする企業と，社会的課題の解決を目的とする NPO とでは，得られる成果も異なってくる。また，組織のメンバーから貢献を引き出すために，組織は誘因（インセンティブ）を提供することが求められるが，この誘因も組織の種類によって変化する。

　繰り返しになるが，本書では経営組織論を「成果を得るために，協働システムとしての組織をどのように運営（マネジメント）すればよいかを考える学問（分野）」と定義した。様々な組織の特徴を踏まえた上で，そして求められる成果

の違いを踏まえて，求められる組織の構造はどのようなものか，また取るべき
マネジメント方法は何か，を考えないといけない。

　そこで，本書の後半（第 3 部）では，企業組織（第 11 章），流通組織（第 12 章），
非営利組織（第 13 章），医療組織（第 14 章），スポーツ組織（第 15 章）のそれ
ぞれを詳しく検討していきたい。

図表 1-3　環境⇔組織⇔個人のダイナミズム

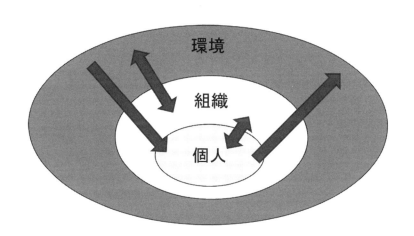

Key Word ①：経営組織論

　そもそも経営とは，資源を組み合わせて，より多くの，より上質の成果を得ることだ
と考えられる。また，成果を得るためには，協働システムとしての組織をどのように運
営（マネジメント）すればよいかを考える必要がある。このように，成果を得るために
協働システムとしての組織のマネジメント方法を考える学問分野が経営組織論である。

Key Word ②：ミクロ組織論とマクロ組織論

　経営組織論は，組織の中の個人や集団に注目するミクロ組織論（組織行動論）と，組織
そのものや組織と環境との関係に注目するマクロ組織論（組織理論）に区分される。ミク
ロ組織論にはリーダーシップ論やモチベーション論，マクロ組織論には組織構造論や組織
間関係論が含まれる。

12

Key Word ③：環境

　環境とは，組織の経営活動や成果に影響を与える外的要因のことである。また経営組織論では，組織は環境と動態的に相互作用するオープン・システムと考えられている。

ブックガイド（発展的学習のために）

《組織の全体像を知るために》

J. G. マーチ & H. A. サイモン（高橋伸夫訳）『オーガニゼーションズ（第2版）』ダイヤモンド社，2014年（原著は1993年）

《経営組織論を中心とした経営学の研究の歴史を知るために》

岸田民樹・田中正光『経営学説史』有斐閣アルマ，2009年

《組織論の研究発展を知るために》

M. J. ハッチ（大月博司・日野健太・山口善昭訳）（2017）『Hatch 組織論』同文舘出版，2017年（原著は2013年）

参考文献

馬塲杉夫・蔡芢錫・福原康司・伊藤真一・奥村経世・矢澤清明（2015）『マネジメントの航海図』中央経済社

Barnard, C. I. (1938) *The Functions of the Executive*, Harvard University Press（山本安次郎・田杉競・飯野春樹訳『経営者の役割(新訳)』ダイヤモンド社，1968年）

金井壽宏（1999）『経営組織』日経文庫

桑田耕太郎・田尾雅夫（2010）『組織論（補訂版）』有斐閣アルマ

S. P. ロビンス著（髙木晴夫監訳）（2014）『マネジメント入門　グローバル経営のための理論と実践』ダイヤモンド社

鈴木竜太（2011）「組織論」一橋大学イノベーション研究センター監修『はじめての経営学』東洋経済新報社

田尾雅夫・佐々木利廣・若林直樹編著（2005）『はじめて経営学を学ぶ』ナカニシヤ出版

當間政義編著，池田玲子・仁平晶文・水野清文・藤木善夫・清水健太・文載皓・東俊之・Phung Dinh Trong 著（2018）『マネジメントの基礎 – 企業と地域のマネジメント考 –』五絃舎

第2章

組織論の基本理論

†

●予習課題①

　あなたが現在所属している（過去に所属していた）組織の中に組織メンバーのやる気を高めるような規則があるか調べてみよう。そのような規則が組織の中になければ，どのような規則が組織にあったらメンバーのやる気が高まるか考えてみよう。

●予習課題②

　あなたが現在所属している（過去に所属していた）組織の目的について調べてみよう。その目的達成に向けて組織メンバー同士のコミュニケーションがどのように行われているか（行われていたか）振り返ってみよう。

2.1　個人の限界を乗り越える手段＝組織

　一人の人間が持つ力には限界がある。しかし私たちは，既存の組織の一員となる，あるいは，組織を新たに作り上げることによって，自らの限界を乗り越え，一人の力では成し遂げられないような物事を成し遂げられるようになる。

　日本を代表する企業組織の一つであるトヨタ自動車は単独で年間11兆円を超える売上高を誇っている（2021年3月期）。それだけの売上高を社長一人の力で稼ぎ

出すことは容易ではない。トヨタ自動車で働く7万4千人もの従業員（2020年3月末現在）が協力して働いた成果として，上記のような莫大な売上高が生まれている。

　こうした話は企業組織だけの話ではない。サッカーのクラブ組織を例にとってみても，点取り屋のフォワードがチームに一人いるだけで試合に勝てるわけではない。フォワード以外の別のポジションでプレイするピッチ上の選手たち，ベンチにいる監督や控えの選手たち，観客席でチームを応援してくれるサポーター，チームを資金面で支えるスポンサー，チームの将来を担う有望な若手選手のスカウトに尽力するフロントスタッフなど，組織に関わる多くの人たちが協働した結果として，チームの勝利という成果が生まれてきている。

　成果を生み出すことができる組織はどのような考え方に支えられているのだろうか。本章ではこの問いについて明らかにすべく，企業組織のみならず私たちの身近な組織を支える組織論の基本理論について確認していく。本章で紹介される理論は，私たちが一人の力では成し遂げられない物事を成し遂げていく際の手助けにもなるはずである。

2.2　組織論の古典

　本節では，組織論の古典として「官僚制組織」「科学的管理法」「管理原則」という3つの理論を取り上げていく。次節で検討していく組織の定義が登場する前の理論であることから古典と称してはいるものの，いずれの理論も今を生きる私たちが所属している組織の基礎となっている考え方ばかりである。

1.　官僚制組織

　読者の皆さんと最初に検討していくのは組織を支える規則の重要性である。規則と聞くと，自分たちを縛るものとして嫌気を感じてしまう人も多いかもしれない。しかし，組織に所属するメンバーそれぞれが自分の好き勝手に動いてしまえば，組織の秩序が守られず，組織として安定的に良い成果があげられなくなってしまうことは想像に難くない。組織に秩序をあたえるもの，それが規則である。

　組織を支える規則の重要性について明らかにしたのはヴェーバーである。ヴェーバーはその著書『経済と社会』の中で，組織の最も合理的な純粋型として「官僚制組織」を提示した（Weber, 1921-1922）。その特徴は図表2-1のようにまとめられる（桑田・田尾，2010）。

図表2-1　官僚制組織の特徴

1.	規則と手続き	メンバー各自が何をすべきか，どのようにすべきかを公的に定める。
2.	専門化と分業	メンバー各自の役割を明確に定め，重複しないようにする。
3.	ヒエラルキー	指示を出す人，指示を受ける人という階層構造を明確に定める。
4.	専門的な知識や技術をもった個人の採用	各専門業務の遂行に必要とされる能力を持った人材を雇用する。
5.	文書による伝達と記録	伝達時のミスや誤解を防止するとともに，組織内部で行われた意思決定の経過や内容に関する事実の共有を図る。

出所：桑田・田尾（2010）を基に筆者作成。

　図表2-1にある規則をはじめとする複数の手段を活用しながら，組織メンバーを合法的に支配することによって，組織内の仕事がスムーズに進み，組織の安定化が図られることになる。仕事がスムーズに片付けられれば，新たなビジネスアイデアを生み出す余裕が組織の中に生まれてくる。その意味で，官僚制は組織の創造性を生み出す基盤としても機能する（沼上，2003）。また，ある特定の仕事を専門的に繰り返し行うことによって，仕事の上達のスピードがあがっていくという専門化のメリットを享受することも可能になる。

　しかしながら，官僚制にはデメリットも少なからず存在する。例えば，「手段の目的化」とよばれる問題である。組織の中に存在する規則は組織を安定化させる手段にすぎず，それ自体が目的にはなりえない。例えば，顧客ニーズは時代に応じて変化するのにも関わらず，過去の顧客に合わせて制定された規則を守ることにこだわりすぎて，今いる顧客の不満が高まってしまうようなことがあれば，それは本末転倒である。

　また，過度に分業や専門化を追求しすぎると，自身の仕事や自身が所属する部門の利益や権限を守ることばかりに囚われ，他部署との連携に弊害が生じてしまう「セクショナリズム」と呼ばれる問題も起こりうる。これらの官僚制を追求しすぎることで生じる悪影響は「官僚制の逆機能」と呼ばれている。

2.　科学的管理法

　組織を支える規則は組織に所属するメンバー誰しもが納得できるような合理性の高い規則であることが望ましいだろう。例えば，規則に従って仕事が行われれば，組織の目的ばかりでなく個人の目的も達成されるような規則がそれに該当する。企業組織の場合で言えば，企業として利益を確保しながら，企業で働く従業員の給与も同時にあがっていく，この二つを両立させるような規則である。こうした規則は一体どのように策定されるのか。そのヒントを与えてくれるのがテイラーの「科学的管理法」である（Taylor, 1911）。

　20世紀初頭のアメリカの企業組織の現場では職人や管理者が個々人の勘や経験に基づき成り行き的に仕事を行っていた。その結果，現場の作業でムダが生じるだけではなく，管理者による仕事の評価に不満を感じた職人たちが組織的に仕事をサボることもあった。

　そこでテイラーは，組織の現場で働く従業員の仕事を科学的に分析し，科学的な根拠に基づくような形で仕事の規則化を進めていった。具体的には，職場で行われている一連の作業を細かく分解し，それぞれの作業にかかる時間を計測した。これは「時間研究」と呼ばれるものである。また，仕事に熟練した職人の仕事ぶりをよく観察し，無駄のない動きはどのようなものか明らかにしようともした。これは「動作研究」と呼ばれている。

　これらの研究の結果をふまえた上で，「指図票」と呼ばれる仕事のマニュアルが作成された。仕事の流れや動作，仕事に必要な道具などが標準化され，経験の浅い職人でも熟練した職人の仕事の動きに近づくことが可能になった。加えて，目安となる一日の標準的な仕事量である「課業」が設定され，課業を超える仕事をした職人には賃金が上乗せされる「差別的賃金制度」も導入された。

　管理者も現場で働く従業員も互いに良い仕事とはどのようなものなのかを理解し，納得した上で規則化し，その規則に従って仕事を行っていく。それが組織にとっても個人にとっても良い成果につながっていくのである。

3.　管理原則

　規則を策定しさえすれば，すぐさま組織に秩序がもたらされ，組織としての成果を安定的に生み出せるようになるかというと，話はそれほど単純ではない。規則の策定後には，組織の現場で規則がしっかりと守られているかどうか，既存の規則を見直す必要はないか，新たな規則を策定する必要はないか，といったまた別の次元の問題が生じてくる。

　こうした諸問題に取り組んでいく活動がファヨールによって提示された「管理活動」と呼ばれるものである（Fayol, 1917）。ファヨールによれば，企業組織の中で行われている活動には，①技術活動（生産，製造，加工），②商業活動（購買，販売，交換），③財務活動（資本の調達と管理），④保全活動（財産と従業員の保護），⑤会計活動（財産目録, 貸借対照表, 原価, 統制, 等），⑥管理活動（計画化, 組織, 命令, 調整, 統制）の 6 つがあるという。

図表 2-2　管理過程

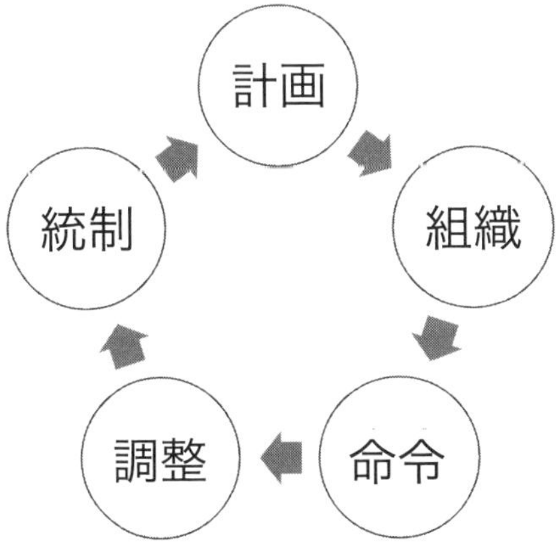

　この中でも特にファヨールが強調するのは管理活動である。それ以外の活動が材料やモノやカネ，ヒトが働く環境といった物理的な存在を対象にしているのに対し，管理活動は組織の中で行われている活動全般ならびにその活動に携わるヒトたちに目を向けて，それらを調和させていくことを主たる内容としている。

　具体的には，組織や社会の将来を見据え，組織全般の活動計画を作成し（計画），組織内の設備や従業員の配置を構成し（組織），従業員に指示を出し（命令），従業員による各活動と努力を統一し，調和させ（調整），規則や指示どおりに活動が行われているかどうかチェックする（統制），という一連の過程を経て管理活動は展開されることになる（図表2-2）。

　ファヨールは管理活動を展開していく上で留意すべきチェックポイントとして14の「管理原則」も次のとおり示している。

1. 分業：仕事の専門化によってムダをなくし，仕事の上達速度をあげる。
2. 権限：公式の権限を補う個人的な権威と責任
3. 規律：優れた管理者・公正な規定・適切な処罰による規律の確立
4. 命令の一元性：命令を受け取るのは1人の上司からのみである。
5. 指揮の一元性：同一目的を目指す活動の指揮者と計画は1つだけ存在する。
6. 個人的利益の全体的利益への従属：一個人・一部門の利益よりも企業全体の利益を優先させる。
7. 報酬：従業員の意欲を高める公正な労働の対価を提供する。
8. 権限の集中：最良の成果を引き出す分権化と集権化の程度は企業によって異なる。
9. 階層性組織：命令の一元性と迅速な伝達を両立させるために架橋を用いる。
10. 秩序：物的および社会的な秩序を保つために適材適所をはかる。
11. 公正：従業員に対する好意と正義の結びつきによる公正の実現
12. 従業員の安定：従業員のポジションの安定
13. 創意：従業員に自ら計画を立案し，提案し，実行する自由を与え，意欲を高める。

14. 従業員の団結：命令の一元性を順守しつつ，分裂や文書連絡の濫用を廃して，従業員の一体感を高める。

　上記の管理原則を概観してみると，先述した官僚制組織の特徴のみならずテイラーの科学的管理法で検討した従業員の報酬に関する問題についても触れられていることが確認できる。

　官僚制組織を基礎として組織の安定化を図りながら，官僚制の逆機能に留意しつつ，各メンバーの意欲を高め，メンバー同士の団結を生み出し，メンバーの創造性や主体性を育んでいく。いついかなる時代にも必要とされる組織のあり様をファヨールの管理原則は私たちに示してくれている。

2.3　現代経営組織論の幕開け：協働の組織論

1.　組織とは何か

　バーナードによれば，組織とは「二人以上の人々の意識的に調整された諸活動・諸力の体系」と定義される（Barnard, 1938）。バーナードによる組織の定義は極めて抽象的な定義ではあるものの，私たちの身近に存在する組織が本当の意味で組織として成立しているかどうかを見極める上できわめて有用な視点を提供してくれる。

　ゼミでも部活動でもアルバイト先でも何でも良い。皆さんの身近なところに存在する人間の集団を頭の中に思い浮かべてもらいたい。今，皆さんの頭の中に思い浮かんだ人間の集団が，単なる人の集まりにすぎないのか，それともバーナードがいう組織として成立しているのか，ここではバーナードの定義に従いながら組織のチェックポイントについて確認してみよう。

　1つ目のチェックポイントは，二人以上の人々が集まっているかどうかである。これはおそらく容易くクリアできる要件だろう。2つ目のチェックポイントは，その集団の中に自分以外の他者に意識的に働きかけ，集団全体をある方向に導こうとする人はいるかどうかである。この問いは，集団の中にリーダーが存在しているか，という問いに言い換えても過言ではない。この問いを受けて，ゼミであ

ればゼミ長，部活動であれば部長，アルバイト先であれば店長といった組織のリーダーらしい人たちの顔を思い浮かべた人も多いのではないだろうか。

　ここでリーダーらしい人と表現したのには理由がある。その人の肩書がリーダーであることを示していても，その人の言葉に誰も耳を傾けない，あるいは，その人の指示通りに誰も動いていなかったとすれば，その集団には名ばかりのリーダーはいても，真のリーダーは存在していないということになる。

　そこで３つ目のチェックポイントとして登場するのが，リーダーの働きかけを受けて活動する人たちが集団の中に存在しているかという点である。この３つ目のチェックポイントの背後にある考え方がバーナードによる「権限受容説」である。バーナードによれば，組織から職場のリーダーに部下に指示を出す権限を付与するだけでは不十分であり，リーダーが出した指示を部下が受け容れてはじめて権限が付与されたことになる。リーダーについていくフォロワーが集団の中に存在してはじめて，リーダーは真のリーダーとなりうるのである。

　二人以上の人々が集まり，その中に自分以外の他者に意識的に働きかけ動かそうとするリーダーが存在し，リーダーの働きかけを受け活動するフォロワーもいる。単なる人間の集まりが少しずつ組織に変容しつつある。しかしながら，これらの要件にもう一つの要件が加わらなければ，バーナードが指摘した組織の定義の要件を満たすことにはならない。

　最後の４つ目のチェックポイントは，フォロワー同士の活動が連動しているかどうかである。リーダーとフォロワーの関係性が上下関係のような縦のつながりだとすれば，フォロワー同士の関係性は横のつながりである。各フォロワーの活動が意識的に調整され連動することによって初めて協働のシステムとしての組織が成立するのである。

2．組織を成立させるための３要素

　では，協働のシステムとしての組織を成立させるために組織のリーダーはいったい何をすれば良いのであろうか。バーナードによれば，組織のリーダーは共通目的，貢献意欲，伝達（コミュニケーション）という３つの要素を整えることによっ

て協働システムとしての組織を成立させることが可能になるという（Barnard, 1938）。

　組織の 3 要素は独立して存在しているわけではない。図表 2-3 のように各要素は相互作用している。例えば，組織のリーダーが設定した共通目的が貢献意欲を引き出す誘因として機能することもあるだろう。メンバーが共感し，その実現に向けてついつい力を貸したくなってしまうような夢やビジョンを共通目的として設定することによってメンバーの貢献意欲を引き出していくのである。

図表 2-3　組織の 3 要素

　しかし，夢だけで人間は食べていけないというのが現実である。そこで共通目的の実現に向けた貢献の対価として支払われる給料がメンバーの意欲を高めることもあるだろう。

　組織に所属するメンバーからすれば，自身の貢献に見合うあるいははそれを上回る誘因が組織から提供され続ければ，組織のメンバーとして組織への貢献をし続けることになる。貢献と誘因のバランスが崩れてしまえば，組織からメンバーが去っていくことにもなりかねない。貢献と誘因の均衡こそ協働のシステムを支えるポイントになるのである。これは，バーナードによる「組織均衡」と呼ばれる考え方である。

　組織に所属しているメンバーの多様性は近年急速に高まりつつある。こうし

た状況では組織からメンバーに提供される誘因の内容も一律ではなく，多様化する組織メンバー一人一人の状況に合わせてカスタマイズしていく必要があるだろう。最近よく耳にするダイバーシティマネジメントの本質は，多様化した組織メンバー一人一人の貢献に均衡する誘因を提供できるかどうかにかかっているように思われる。そのために組織のリーダーはメンバーと密にコミュニケーションを取りつつ，メンバーが置かれている状況をしっかりと理解した上で誘因を提供していく必要があるだろう。メンバー同士の間でも自分以外のメンバーが置かれている個別の状況を互いに理解し合い，助け合うような関係性を作ることによって組織の一体感が醸成されていくこともあるだろう。

　このようにバーナードによって提示された組織の捉え方や組織にまつわる諸理論は現代組織が抱えている問題解決の糸口をも我々に提供してくれるのである。

2.4　現代経営組織論の展開
合理的意思決定のための装置としての組織

　本章の冒頭で述べたとおり私たち人間が持つ力には限界がある。完璧な人間などこの世の中には存在しない。ここでいう完璧な人間とは，ある意思決定を行う際，①選びうる全ての選択肢を正確に把握することができ，②各選択肢を選択した後に起こりうる結果とそれがもたらす価値を正確に予測し，③確固たる判断基準に基づいて行われる複数の決定が互いに矛盾しないような人間である。

　こうした完璧に合理的な意思決定を行える正確無比な人間のイメージに対し，サイモンが打ち出したのは非常に現実味にあふれた人間の姿「経営人モデル」である（Simon, 1947）。サイモンによれば，人間は「限定された合理性」しか持ち合わせていないとされる。ここでサイモンが想定しているのは，①各選択がもたらす結果について断片的な知識しか持ちえず，②各選択の結果によってもたらされる価値についての完全な予測や順位づけができず，③選びうる全ての選択肢の内，いくつかしか思い浮かべることができない人間の姿である。

　こうした限定された合理性に基づき浮かび上がってきた選択肢の中から，人間

は自身が求める水準を超えた選択肢であればそれに満足し，それを選択する。この意思決定のプロセスをサイモンは「満足化原理」に基づく意思決定と呼んでいる。

　ここで素朴な疑問が生まれてくる。限られた合理性しか持ちえない人間の意思決定や意思決定の結果としての活動から構成される組織は不安定なものにならないのか？という疑問である。この問題については組織自身が解決してくれる。組織そのものが人間の合理的な意思決定を手助けしてくれる装置として機能するのである（March and Simon, 1958）。

　具体的には，組織が日々直面する問題とその問題に対する反応を「プログラム」化し，組織の中に蓄積していく。その上で，組織に所属するメンバーは組織内に蓄積されたプログラムを活用するような形で，日々の意思決定を行っていくのである。ここでいうプログラムには本章の第1節で検討したような仕事の規則や手順などが該当する。

　もし既存のプログラムで対応しきれない問題が現場で起こった場合には組織の階層を利用し，上司に問題の解決を委ねるといった対応も可能になる。例えば，アルバイトの立場では処理しきれない問題が起こったときに店長に助けを求めるといった動きがそれに該当するだろう。こうした動きをふまえれば，組織に所属することも悪いことではないように思われる。

　組織は決して私たちを縛るものではなく，私たちが一人では解決できない問題を解決できるようにする，あるいは，一人ではできない物事を成し遂げられるようにする，そのための手段であり装置なのである。

Key Word ①：協働システム（体系）

　協働システムとは「少なくとも1つの明確な目的をもち，物的・生物的・個人的・社会的構成要素が体系的に結びついた複合体」のことを指している。近年様々な業界で人手不足が課題となっている。その問題の解決には人間のみならずロボットやAIなど物的要素も含めた協働システムを構築する必要があるだろう。

Key Word ②：非公式組織

　非公式組織とは「個人間の接触・相互作用を通して自然発生的に形成されるもので，意識的な構造や制度をもたない社会的結合」のことを指している。例えば，クラスの中で自

24

然発生的に生まれる仲良しグループなどは分かりやすい例だろう。一方，公式組織は本章で検討したバーナードの定義に基づく組織のことを指している。

ブックガイド（発展的学習のために）

《組織の基礎としての官僚制の理解を深めたい方に》

沼上幹（2003）『組織戦略の考え方』筑摩書房

《多様な組織の捉え方とその背後にある人間観の理解を深めたい方に》

金井壽宏（1999）『経営組織』日本経済新聞出版社

《組織論とは何か，組織とは何かについて理解を深めたい方に》

桑田耕太郎・田尾雅夫（2010）『組織論（補訂版)』有斐閣

参考文献 ※上記ブックガイドにも記載

Barnard, C. I. (1938) *The Functions of the Executive*, Harvard University Press（山本安次郎・田杉競・飯野春樹訳（1968）『経営者の役割 (新訳)』ダイヤモンド社）

Fayol, H. (1917) *Administration Industrielle et Generale*, Dunod（佐々木恒男訳（1972）『産業ならびに一般の管理』未来社）

March, J. G. and Simon, H. A. (1958) *Organizations*, John Wiley & Sons（高橋伸夫訳（2014）『オーガニゼーションズ：現代組織論の原典』ダイヤモンド社，※原著第 2 版の翻訳）

Simon, H. (1947) *Administrative Behavior, Macmillan*（二村敏子・桑田耕太郎・高尾義明・西脇暢子・高柳美香訳（2009）『経営行動：経営組織における意思決定過程の研究』ダイヤモンド社 ※原著第 4 版の翻訳）

Taylor, F. W. (1911) *The Principles of Scientific Management*, Harper & Brothers（有賀裕子訳（2009）『[新訳] 科学的管理法』ダイヤモンド社）

Weber, M. (1921-22) *Wirtschaft und Gesellschaft*, J. C. B. Mohr（世良晃志郎訳（1960）『支配の社会学 I』創文社）

第2部　組織論の中の「個人」

―ミクロ組織論―

第3章

組織と人間の関係性

†

●予習課題①

　組織において，生産性を向上させることはとても重要なことである。とりわけ，組織という単位で考えるとき，人間個人に着眼点をあてた研究は，ホーソン実験を契機とする人間関係論に端を発するといわれている。ここでの目的は，組織における個人に焦点をあてるとともに，組織と個人の関わり合いを考えてみよう。

●予習課題②

　組織社会化（organizational socialization）は，個人が，組織やグループの価値システムや規範，要求されている行動パターンを学び，適合していくプロセスと定義される。ここでの目的は，個人が組織へ関わり合う場合，組織という環境に馴染むという現象をどう捉えるのかを考えてみよう。

3.1　生産性向上における人間関係という経営課題

　組織の生産性を向上させる目的として，組織の中の人間に対する着目は，古くから解くべき課題として認識されてきた。その契機となったのが，経営学でも有名なホーソン工場における実験（ホーソン実験:Hawthorne Experiments）である（高

垣編，2018a，p.174）。この実験を契機として，組織の中の人間個人に着目し，む
しろ生産性の向上には，人間に焦点を当てて検討することの重要性に着目したこ
とから，人間関係論と呼ばれている。

　組織の中の人間およびその関係に焦点をあててみると，組織と個人が相互に作用
する社会的存在としての人間のモデル（社会人モデル）が展開されてきた。また，人
間個人が持つ欲求に基づくモチベーション理論，小集団やチームのリーダーに焦点
をあてたリーダーシップ理論などへと，数々の研究が展開され，発展してきている。

　本章では，組織の中の人間個人に焦点をあてて，人間関係論，組織のアイデン
ティティ，コミットメントそして組織文化という課題について，それぞれその内
容をみていくことで，組織と人間個人の関わり合いについて理解を深めていくこ
とにしよう。

3.2　人間関係論の礎 —ホーソン実験—

　さて，科学的管理（scientific management）以降，工場における生産性の向上
が依然として重要な課題であったことはいうまでもない。人間が作業する上でい
かなる条件のもとで最も効率が上がるのかという課題のもとで，実験が行われた。
それは，米国におけるシカゴ郊外の AT＆T 社系列の設備・機器製造会社である
ウェスタン・エレクトリック（Western Electric）社のホーソン工場（Hawthorne
factory）において，1924 年から 1932 年までの長期間にわたって，照明の度合
いと個人の能率の関係を明らかにする目的で実験である。その後，ハーバード大
学の研究者であったメイヨー（Mayo, G. E.）の協力を得て，生産性向上を解明
する実験が行われたのである。まずはこの実験の内容について，ここで初期と後
期の2つに分類して説明していくことにしよう（高垣編，2018a，pp.174-177）。

1.　初期の実験

　1924 年から 1927 年までの期間，初期の実験である照明実験が国立科学アカ
デミーの全国学術調査協議会のもとで行われた。この初期の実験は，照明度（質

と量）が作業能率に対してどのように影響をおよぼすかについて調査することが目的であった。しかしながら，この実験は，作業環境と作業能率の関係について明確な結果を見出すことができなかった。照明の度合いを上げても下げてもこれとは無関係に，結果として，能率が向上してしまうことがあり，また，もとの照明条件に戻しても高い作業能率の水準を維持してしまったのである。結局は，作業能率が向上してしまう結果となったのである。

　この実験の結果を受けて，ホーソン工場の検査監督者であったペンノック（Pennock, G. A.）は，照明の変化が重要な要因ではなく，被験者（労働者）個人に何らかの要因があると考えた。この解明の必要性からさらなる調査を要請し，進めることとなった。そこで，ハーバード大学産業調査グループのメイヨーへ依頼を行い，彼のもとで調査を再び行うこととなった。

　特に際立った特徴が見出されたのは，面接調査である。被験者たちは，自分は選ばれた存在であるというエリート意識があり，これが高い作業水準の維持に結びついていると解釈されることであった。

2.　後期の実験

　後期の実験は，1927 年から 1932 年までの期間，継電器リレー組立作業実験，面接調査，バンク線巻き取り作業観察実験などが行われた。

　（第一次）継電器組立作業実験は，集団出来高払い制度の導入，労働者と相談の上で休憩時間や労働時間の設定（作業条件の決定への事前参加），作業条件と作業能率の関係等を調査することとなった。しかしながら，ここでも作業条件と能率の間の明確な関係を見出すことはできなかった。

　第二次となる継電器組立作業実験や雲母剥ぎ作業実験などを通して，職場の人間関係や社会的状況が影響することが注目された。そこでは，工場の半数（21,126名）の労働者に対して，監督方法に注目した面接調査が行われた。ここで，監督や人事管理といった要素との相関関係が明瞭とまでいかなかったものの，労働者の態度や行動が彼らの感情と密接に結びついており，この感情が作業状況に大きく影響していることが明確になってきたのである。

　この面接調査を受け，作業条件の調査のためバンク線巻き取り作業観察実験が行われることとなった。この結果，非公式組織（informal organization）が存在することが明らかとなってきた。しかもそこにはリーダーとなるインフォーマルなリーダーが存在することが明確になったのである。職場集団には，公式的なリーダーとして職長が存在している。一方で，これとは異なる非公式なリーダーが存在しており，職場の公式の決め事以外に職場の非公式組織の掟のようなルール（グループノーム：group norm）が存在し，これが被験者である労働者たち個人の行動がこのルールに強く影響されていることが明確になったのである。このルールの内容は，以下の通りであった（青木編，2009，pp.221-222）。

　①仕事をしすぎてはならない。

　②仕事を怠けすぎてはならない。

　③仲間に迷惑をかけるようなことを上司に報告してはならない。

　④あまり他人の世話を焼いてはならない。検査工であっても，まじめに仕事をしすぎない。

3.　生産性向上に影響を与える人間関係

　ここで，ホーソン実験の結果から得られた人間関係論の基本的な仮説と管理的視点から見た人間関係論の影響を説明していこう。

①態度と生産性に関する人間関係論の仮説

　科学的管理論では，作業条件（賃金，休憩時間，疲労，労働時間など）の改善は，生産性の向上と一義的な関係にあったとされている。しかしながら，継電器組立作業実験を通して，作業条件の変化が，労働者共通の態度を変化させ，生産性の変化が生じたと考える。労働者の士気（モラール：morale）は，労働者個人の満足度が高ければ高いほどこれが高く，また，士気（モラール）が高ければ高いほど生産性が高いと考えられたのであった。ここで言う満足度とは，労働者の安定感や帰属感といった社会的満足度のことを指しており，労働者が社会的生活の中で，社会的に条件づけられた個人的な事情と，所属する職場での個人的な接触を通じて形成される人間関係に依存していると考えられる。したがって，生産性の

上昇に対する説明は，作業条件の決定に参加できるといった管理条件の変更が，人間関係に変化を生じさせ，労働者の態度を向上させる。そして，その結果として生産性を向上させたと考えることができるといえる（図表 3-1 参照）。

図表 3-1　作業条件の変化と生産性向上

出所：髙垣編，2018a，p.177，図表 7-1「作業条件の変化と生産性向上」を引用。

　このように人間関係論では，まず，労働者としての個人は，人間の態度を含めた感情の側面が強調された。そして，労働者の行動を規制するのは，科学的管理においては公式組織が強調されてきた。しかしながら，組織の中の労働者の意識および作業の状況は，労働者個人の感情に影響を及ぼす非公式組織が強調される。

　このように，人間関係論では，理論構築を行う基礎となる人間モデルには，実は，社会人モデル（社会人仮説）が存在していることが明らかとなった。このモデル（仮説）は，科学的管理法にみられる経済人モデル（経済人仮説）が経済的誘引を強調した側面とは異なる。すなわち，経済的な誘引だけではなく，職場の良好な人間関係によって人間個人は動機づけられる点が強調されるという特徴がある。

②経営管理実務への影響

　管理という視点に立てば，生産性の向上は，労働者の態度によって向上する。そのためには，個人的な事情と職場の人間関係の改善が必要となる。労働者の個人的な事情は，コントロールが困難であるが，職場の人間関係であれば，さまざまに改善することができ，工夫することが可能である。したがって，生産性の向上に関する諸施策は，職場の人間関係の改善に集中することとなる。

以上，ホーソン工場における実験は，組織における人間関係が極めて重要な要因であることを導き，従業員のモチベーションや業績，すなわち生産性の向上に影響を与えるという意味で人間関係論と呼ばれるようになった。

3.3　組織と個人の相互連関

前節でみてきたように，組織の中やグループの中という条件の下で，すなわち組織の中の社会性という人間関係が，実は，生産性を高めることにとても重要である。これを組織の社会化というが，特に組織にではなく，人間に焦点を当てて議論するという視点から，人間関係論という用語で記すことについても理解できたであろう。

前節で示したように，非公式組織のもとで，非公式に出来あがった掟の様なルールが存在することが明らかになってきた。こういったグループやルールの形成過程については，集団凝集性，集団浅慮，集団圧力という過程で形成されると考えられるが，詳細は，第6章の6.1，1.から3.において説明されているので参考にして欲しい。

ここでは個人と組織との関係性について，柔軟的な関係か，それとも安定的な関係かについて，それぞれ説明していくことにする。

1.　組織と個人の柔軟的な関係－組織アイデンティティー

組織には，無意識の信念・感情などがあり，実は，複雑な現象が内包して表現されていることが一般的である。この無意識の信念・感情などが，組織の中のメンバー達によって，相互に連関し形成されていく現象は，組織のアイデンティティ（identity）である。そして，その形成の過程として，個人の組織との関わり合いについて組織のアイデンティフィケーション（Identification）である。

①組織のアイデンティフィケーションとアイデンティティ

組織のアイデンティティとは，同一性，同一化，自我同一性などと訳されることが一般的である。個人が自己を組織（社会）の中に位置づける関係について，

肯定的に捉えることがアイデンティティの確立である。

　一方，アイデンティフィケーションは，「自分にとって重要な他者の属性を自分の中に取り入れる過程一般を指して用いられる心理学用語」（小玉，2017）といわれていることからもわかるように，人は重要な他者との同一視を通してアイデンティティの確立の前提となる概念である。

　この組織のアイデンティフィケーション，すなわち，個人が組織へ適応していく過程に注目し，この過程を担うものとして扱われる概念である。このアイデンティフィケーションは，ある集団（役割）に対して個人がもつ帰属意識とその集団（役割）への帰属について，個人がもっている感情や見出している価値の2つに大別される（リクルート，2014）。換言すれば，組織のアイデンティフィケーションとは，組織に愛着をもつことであり，一体感を醸し出すということである。個人の側からみれば，組織の中のメンバーとの個々人の結びつきであり，柔軟な関係であり，それほど確固たる関係ではない。

　ひと昔前の日本の会社では，会社組織への帰属意識を高める目的で，社員旅行，忘年会，新年会などといった社員間の親睦を深める目的でさまざまなイベントが企画されていたといえる。このように親睦を深める過程こそ，まさに，組織のアイデンティフィケーションである。こういったイベントを通じて，帰属意識や一体感をもった状態が形成されていくことが，組織のアイデンティティである。

　ところで，組織への帰属意識に着目すると，そこには個人が組織へ受け入れられ，安定的な関係という現象が考えられる。これは組織のコミットメントと呼ばれる概念である。次に，この点について説明していくことにしよう。

2.　組織と個人の安定的関係－組織コミットメント－

　さて，個人と組織の安定的な関係性は，組織コミットメント（Organizational Commitment）である（開本編，2014, pp.32-42）。この組織コミットメントは，社会学や心理学を背景に，組織と個人の関係を規定する概念として捉えられ，1つの概念として説明されてきた。しかしながら，近年，研究が進んでいくと，いくつかの概念で構成されていることがわかってきた。ここでは，組織コミットメン

34

トを構成する代表的な概念として，情緒的と功利的の2つコミットメントの概念
を説明することにする。

①2つのコミットメント

情緒的コミットメント：個人がその組織に居続けたいと思うからその組織に居
続けるという側面である。具体的には，組織の目標や価値観が自分と同一である
ことや，組織の仲間や職場それ自体が好きであるという組織への愛着から，自分
が組織のメンバーとして居続けたいというコミットメント概念である。

功利的コミットメント：個人がその組織に居続ける必要があるから，その組
織に居続けるという側面である。具体的には，組織に自分がコミットメントする
ことで対価が得られることや，労働として投資した分の価値の結果としてこの組
織を離れることができないことから，組織のメンバーとして居続けたいというコ
ミットメント概念である。

以上，2つのコミットメント概念について述べてきた。これらのコミットメン
トは，いずれにしても，個人が組織にコミットメントすればするほど，個人は組
織を離れられられなくなり，さらにコミットメントし続けることになる。そのため，
個人と組織の関係が，より安定的なものとなるため組織コミットメントという概
念は重要な概念である。

ここで，組織のコミットメントに影響を与える関係要因をあげてみよう。組織

図表 3-2　組織コミットメントの諸関係

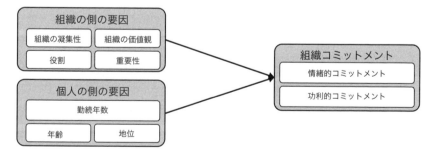

出所：開本編，2014，p.35，図表 3-3「組織コミットメントの先行要因」をもとに加筆・修正。

の側の要因として，組織における凝集性，自己の役割，自己の重要性，組織の価値観などがあげられる。個人の側の重要性として，自己の年齢，勤続年数，地位等などがあげられる。この関係を図にすると，図表3-2の通りである。

②コミットメントがもたらす影響

組織コミットメントにおけるプラスとマイナスの側面について触れておきたい（當間編，2018，p.178）。

まず，プラスの影響として，個人が組織に対するコミットメントが強くなると，組織を離れようとする意志が低くなることが挙げられる。離職する個人（従業員）が少ないことは，安定した労働力を確保できることであり，とても重要なものであろう。また，キャリアが浅い個人（従業員）に組織が費やした組織内教育のコストが将来，自組織へ貢献するという形で返ってくることも重要なことである。また，仕事を行う際に理念や価値観に準じた行動を自然にとれるようになることは，新製品開発や新サービスなどの創造性の面からもとても重要なものである。

これに対して，個人が組織に対するコミットメントが強すぎると，マイナスの影響がでるという側面もある。組織の内外の経営環境が変化すると，自ずとこれまでとは異なる状況へと変化する。すると，組織は，当然，変化した経営環境へ適応するために，変革（イノベーション）や創造性が求められる。しかしながら，コミットメントが強すぎるとどうであろうか。組織自体のこれまでの過去を頑なに守ろうとする強い力となって作用する。これは，成長を阻害する要因となる可能性がある。

3.4　組織独特の組織文化

本章では，組織の生産性の向上を前提として，個人と組織の関係性が重要であることを説明してきた。組織の中の個人は，実は，非公式な人間関係が大きく影響しており，また，個人の組織に対する関係の度合いが重要な意味をもっていた。特に，組織の非公式な掟（ルール）を基礎として，組織の中の個人との関わり合いには，組織独特の思考習慣となって行動規範となって表れてくる。それが組織

文化（organizational culture）という概念である。

　本章の締めくくりとなる本節では，この組織文化について説明していくことにする。

1. 組織文化という概念

　組織における人間関係は，その掟（ルール）を基礎にして，組織独特の思考習慣となって表れてくることは既に述べた通りである。それが組織文化である。組織におけるメンバー間に共有された思考習慣は，特定して明示することはなかなか難しい。しかしながら，組織のメンバーの言動や行動に非常に大きく影響するとともに，最終的には，組織の成果に結びついていることが明らかになってきた。

　この組織の文化は，1980年代以降，研究者や実務家たちによって注目を浴びてきた。この定義にはさまざまなものがあるが，もっとも有名なものは，シャイン（Schein, E. H.）の定義である。シャインによれば，「組織メンバーに共有された文物, 価値観, 基本的仮定のセット」（p.178）と定義されている。この定義から，いくつかの要点があるのでここで述べておくことにする。

　まず，文物である。これは，服装，仕事の進め方，入社式や表彰式等といったメンバーの慣習的な行動等のことである。価値観とは，成功するためにはこうあるべきだ，こうするのが成功への道だ，のように物事の評価や優先順位を決める基準となるものである。そして，基本的仮定は，人間や組織，環境の本質に関する信念や時間や空間，真実に関する信念などが含まれる。組織の中で，特定の文物などが適切で正しいとみなされるのは，実は，基本的仮定を根拠に価値観によって正当化されていることによるものである。

　また，コッターとヘスケット（Kotter, J. P. & Hesket J. K.）は，組織文化と業績の関係から研究を行い，次のように定義づけた。それは，組織の文化は，「ある1つの集合体に共通して，見い出せる相互に関連しあう価値観（不可視で変革しにくい）と行動方法（可視的で変革しやすい）のセット」である（高垣編, 2018a, p.192）。

　以上，述べてきたように，組織文化は，組織における独特の思考習慣ということができるであろう。

2.　高い業績を生み出す組織文化

さて，1970年代後半に萌芽した組織文化についての議論は，1980年代に入ってから，より多くの研究がなされるようになった。ここで，代表的な研究を2点紹介する。

①ピーターズ（Peters, T. J.）とウォーターマン（Waterman, Jr., R. H.）の研究

ピーターズとウォーターマンは，企業経営を分析する目的で，高業績（過去20年間の成長率や収益率）かつ革新的なアメリカ企業62社を面談などで調査し，そこから超優良企業に共通する8つの特質を導出した（高垣編，2018a，pp.190-191）。

言い換えれば，これらの8つを超優良企業になるために企業が備えるべき組織文化の具体的内容と捉えることもできる。彼らの「超優良になるために組織が備えるべき特質」に関する主張を記した『エクセレント・カンパニー』(1983年) は，瞬く間にベストセラーとなり，その後の組織文化論へ着眼する端緒となったのである。この研究は，その後の組織文化の研究として強い文化論，組織文化を組織の1つの変数として捉える見方，組織文化をマネジメントツールと考える見方など，数々の組織論研究の方向性を決める重要な研究にもなったのである。

②ディール（Deal, T. E.）とケネディ（Kennedy, A. A.）の研究

1980年代になると，ディールとケネディの研究が発表された。上述したピーターズとウォーターマンと並んで，組織文化論ブームの火付け役ともいわれている（高垣編，2018a，pp.191-192）。彼らは，持続的な高業績を上げる企業の成功要因を明らかにするために，約6ヶ月，80社近い企業の調査を行った。その結果，彼らは，米国企業の持続的な成功の背景には，必ずといっていいほど，強い企業文化が存在しており，その推進力として機能しているという結論を導いた。彼らによれば，この企業文化（ここでいう組織文化）とは，理念，神話，英雄，象徴の合体，人が平常如何に行動すべきかを明確に示す，非公式な決まりの体系であると定義した。

3.　組織文化の特徴・タイプ

以上の2つの研究に基づいて，組織文化の特徴およびタイプは，下記の図表

図表 3-3　組織文化の特徴

ピーターズとウォーターマンの研究	ディールとケネディの研究
①行動の重視	①たくましい／男っぽい文化
②顧客に密着する	
③自主性と企業家精神	②よく働き／良く遊ぶ文化
④ヒトを通じての生産性向上	
⑤価値観に基づく実践	③会社を賭ける文化
⑥機軸から離れない	
⑦単純な組織・小さな本社	④手続きの文化
⑧厳しさと緩やかさの両面を同時に持つ	

出所：高垣編，2018a，pp.190-192 より，組織文化の要点より筆者作成。

3-3 にまとめることができる。

　以上，良い意味での組織文化の特徴とタイプについては，以上の通りである。しかしながら，組織文化についてはいくつかのデメリットがある。例えば，組織文化は，その組織独特の思考パターンが限られており，新しい発想が出にくくなることがあげられる。また，組織文化に馴染めない個人は排除されてしまう可能性が高いこともあげられる。その結果，排他性が高まりすぎて外部からは近づきがたい印象を与えてしまい，いつしか凝り固まった組織文化が災いし発展や成長がなくなる可能性が高まることなどがあげられる。

　ここにあげたデメリットは，組織コミットメントと同様なものであり，変化する経営環境への不適応，創造性が乏しくなる等であるが，組織の成長を阻害する要因となることもここで述べておく必要があろう。

　組織文化は，組織の内部・外部から影響を受け，時間をかけて徐々に形成されていくものである。組織や従業員が意識的・無意識的に共有している独特の価値観や規範，前提条件・ルールであり，組織の中のメンバー個々人の行動原理となる価値観であるため，把握したり理解したりすることはできても，管理したり変革したりすることが非常に困難である。以上のことから，強すぎる文化は，組織の成長にとっては，逆効果であることも述べておく必要があろう。

　最後に，組織文化は，個人のモチベーションに大きく影響するとともに，この

過程に，重要な機能を担うのがリーダーシップである。これらは，第 4 章で解説することにする。

Key word ①：ホーソン実験

1924 年から 1932 年にかけてホーソン工場で行われた，生産性向上を解明する一連の実験の総称である。ホーソン実験の結果を受けて，人間関係論という新たな研究領域が開拓されることになった。

Key word ②：組織の文化

組織のメンバー間で，意識的・無意識的に共有された独特の価値観や規範，前提条件，ルールのことである。

Key word ③：組織のコミットメント

個人と組織の安定的な関係性を規定する概念である。組織コミットメントを構成する代表的な概念には，①情緒的コミットメント，②功利的コミットメントの 2 つがある。

ブックガイド（発展的学習のために）

冨岡昭（1993）『組織と人間の行動 - 第 2 版 -』白桃書房

Robins, S. P.（1997），*Essentials of Organizational Behavior* 5th ed., Prentice-hall.（邦訳：高木晴夫監訳（1997）『組織行動のマネジメント；入門から実践へ』ダイヤモンド社）

参考文献

平本浩矢編著（2019）『組織行動論 －ベーシック－』中央経済社

當間政義編著・池田玲子・仁平晶文・水野清文・藤木善夫・清水健太・文載皓・東俊之・Phung Dinh Trong（2018）『マネジメントの基礎－組織と地域のマネジメント考－』五絃舎

高垣行男編著・當間政義・城間康史（2018a）『経営学 I －基礎理論編－』五絃舎

高垣行男編著・當間政義・城間康史・平井直樹（2018b）『経営学 II －応用編－』五絃舎

青木幹喜編著・石井昌宏・金尾悠香・河野良治・佐藤耕紀・當間政義・山田敏之（2009）『人と組織を活かす経営管理論』八千代出版

小玉一樹（2017）『組織アイデンティティの研究』ふくろう出版

リクルート・マネジメント・ソリューションズ「自分を何者と捉えるか？～グローバル組織におけるアイデンティフィケーション～（連載・コラム，2014.04.23）」< https://www.recruit-ms.co.jp/issue/column/0000000159/ >（参照日：2020 年 2 月 9 日）

山城章・森本三男編著（1984）『入門経営学』実教出版

第4章

リーダーシップ論とモチベーション論

†

●予習課題①

　リーダーシップとは，組織の目的を達成するために，上司やチームリーダーが他者に対して行使する影響力のことである。組織内でのリーダーシップは，組織を構成するメンバーのモチベーションや行動に大きく影響を与えることになる。ここでの目的は，学術的な意味でのリーダーシップ論がどのように変遷してきたかを検討し，現代的なリーダーシップ論の内容を理解することである。

●予習課題②

　モチベーションとは，個人の心の働きを意味する概念である。モチベーションは，個人が目的達成に向けた行動を開始する際の原動力になるものであり，モチベーションの程度は，個人の意識やパフォーマンスに影響を及ぼすことになる。ここでの目的は，学術的な意味でのモチベーション論の内容（内容理論・過程理論）を検討し，リーダーシップ論とモチベーション論との関係を理解することである。

4.1　リーダーシップ論の系譜

　リーダーシップに関する研究は数多くのものが発表されているが，時系列に見るとリーダーに焦点を当てたリーダーシップ研究からリーダーと組織内の構成員（フォロワー）との関係に焦点を当てたリーダーシップ研究へと変遷していることがわかる。

　前者のリーダーシップ研究は，特性理論と行動理論に大別することが出来る。これらの理論は，リーダーの資質や行動パターンなどリーダーシップを発揮するリーダーがどうあるべきかを論じていることに特徴がある。後者のリーダーシップ研究は，近年のリーダーシップ研究の中心的なテーマであるが，その先鞭をつけたのがコンティンジェンシー理論である。以下では，特性理論，行動理論，コンティンジェンシー理論それぞれの具体的内容を説明してみたい。

1.　特性理論

　特性理論は，最も古いリーダーシップ研究であり，優秀なリーダーには共通した特徴があるという前提に，その資質が何かを明らかにしようとするものである。特性理論の代表的な研究として知られるのは，ストックディル（R.M.Stogdill）の研究である。

　ストックディルが挙げたリーダーの資質は，①一般的能力（知性，発言力，独創性，決断力），②実績（知識，体力），③心理特性（信頼性，忍耐，自信，責任感），④行動側面（活発,社交性），⑤他者からの好感度の5つであった。ストックディルは，これら5つの資質とリーダーシップとの間にある関係を明らかにしようとしたが，そこに明確な関係性を発見することはできなかった。

2.　行動理論

　行動理論とは，優れたリーダーに共通して見られる行動パターンが何かを明らかにしようとするものである。特性理論では，優れたリーダーは個人の資質

によって決まるという前提があったが，行動理論では，効果的なリーダーシップ行動を取ることで誰でも優れたリーダーになれるという前提がある。つまり，優れたリーダーは後天的に獲得した能力で決まると考えている点で特性理論とは大きく異なる。

　行動理論に関する研究は数多く存在しており，オハイオ研究，三隅の PM 理論，ブレーク＆マッケーンス（R.R.Blake & A.A.McCanse）のマネジリアル・グリッド理論などが代表的な研究として知られている。これらの研究は，リーダー行動を「人間関係行動」と「課題関連行動」の 2 つの軸から捉え，その組み合わせを類型化するところに共通点がある。

　オハイオ研究では，リーダーの行動を「配慮」と「構造作り」の 2 軸から捉え，PM 理論では「メンテナンス」と「パフォーマンス」の 2 軸から捉えている。また，マネジリアル・グリッド理論では，「人間に対する関心」と「業績に対する関心」の 2 軸から人間関係行動と課題関連行動を捉えている。

　これら 3 つの研究は，リーダーが人間関係行動と課題関連行動の両方を重視することが理想的なリーダーであることを示している。例えば，オハイオ研究では高配慮・高構造のリーダー行動が，部下の業績や職務満足を高めることを明らかにしている。

3.　コンティンジェンシー理論

　コンティンジェンシー理論とは，効果的なリーダーシップ行動は，組織内のメンバーの成熟度や仕事の難易度などリーダーシップを発揮する際の状況によって異なるという理論である。コンティンジェンシー理論の代表的な研究には，フィードラー（F.E.Fiedler）のフィードラー理論，ハウス（R.J.House）のパス・ゴール理論，ハーシー＆ブランチャード（P.Hersey&K.H.Blachard）の SL 理論（Situational Leadership Theory）などがある。ここでは，コンティンジェンシー理論の特徴を端的に理解しやすいとされる SL 理論についてより詳細に見ていく。

　ハーシー＆ブランチャードが提唱する S L 理論は，効果的なリーダーシップ行動は，フォロワーの仕事に対する成熟度（仕事に対する能力・意欲）によって

図表 4-1　SL 理論

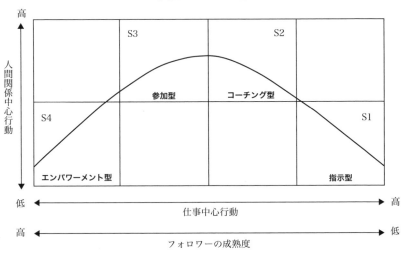

出　所：Hersey, P. & Blanchard, K.H., *Management of Organization Behavior*, Printice-Hall,1969.（山本成二・水野基・成田攻訳『行動科学の展開—人的資源の活用—』日本生産性本部，1978 年）

異なるという理論である。ハーシー＆ブランチャードは，フォロワーの成熟度を４つの段階に分け，それぞれに応じた４つのリーダーシップ行動を説明している（図表4-1）。

　図表 4-1 を参照して欲しい。S1 は，フォロワーの成熟度が低い場合であり，部下の行動を事細かに指示する指示型のリーダーシップ・スタイルが有効であるとされている。S2 は，フォロワーが仕事に慣れ，仕事に対する意欲が出てきた場合であり，効果的な仕事の進め方などを伝えるコーチング型のリーダーシップ・スタイルが有効であるとされている。S3 は，仕事の能力や意欲が高いものの，フォロワーが自律的に行動できない場合であり，フォロワーと一緒になって考える参加型リーダーシップ・スタイルが有効であるとされている。S4 は，ベテランなどフォロワーの成熟度が高い場合であり，仕事の遂行や責任を委ねるエンパワーメント型のリーダーシップ・スタイルが有効であるとされている。

　ハーシー＆ブランチャードの SL 理論を見ても分かる通り，コンティンジェンシー理論は，普遍的なリーダーシップ・スタイルは存在しないとという立場を取っている。この点において，特性理論や行動理論と大きく異なっている。

4.2　リーダーシップ論の新しい側面

　これまで，特性理論，行動理論，コンティンジェンシー理論を中心にリーダーシップ研究がどのように変遷してきたかをみてきた。ここでは，その後のリーダーシップ研究がどのように展開されているのかを見ていく。

　これまで見てきたリーダーシップ理論は，あくまでもリーダーが能動的にフォロワーに働きかけるものであり，フォロワーは受動的存在とされていた。近年行われているリーダーシップ研究の特徴は，フォロワーも能動的存在として捉え，フォロワーの自律的行動をいかに促すかに焦点を当てていることである。

　フォロワーの自律的行動を強調したリーダーシップ理論には，バス（B.M.Bass）の変革型リーダーシップ理論，グリンリーフ（R.K.Greenleaf）のサーバント・リーダーシップ理論，トーマス（K.W.Thomas）のエンパワリング・リーダーシップ理論がある。これら 3 つのリーダーシップ理論は，いずれもフォロワーを動機づけることで自律的行動を促そうとしていることに共通点が見られる。以下では，その具体的内容を説明してみたい。

1.　変革型リーダーシップ

　変革型リーダーシップにおける動機づけとは，組織を変化させる必要があるとフォロワー自身が自覚することである。そのためには，フォロワーに対して組織をどのように変化する必要があるのかを説明し，変化のための具体的なビジョンや行動の方針を示すことが必要になる。さらには，フォロワーが組織を変化させることが出来る存在と自覚させるために，チャレンジする機会を与えることも必要になる。

2. サーバント・リーダーシップ

　サーバント・リーダーシップにおける動機づけとは，フォロワーがリーダーから尽くされていると感じることである。そのためには，リーダーは自己の利害を優先するのではなく，常にフォロワーのことを気にかけ支えていくことが必要となる。リーダーから尽くされていると感じるフォロワーは，リーダーを信頼するようになり，結果として組織のために自ら進んで行動するようになる。

3. エンパワリング・リーダーシップ

　エンパワリング・リーダーシップにおける動機づけとは，フォロワーが心理的にエンパワーすることである。心理的にエンパワーされた状態とは，やるべきことに意味を感じること，行動を決定できると感じること，有能であると感じること，自らが成長していると感じることである。フォロワーが心理的にエンパワーさせるために，リーダーは権限委譲や行動結果に対する適切なフィードバックなどを行う必要がある。

　前述した特性理論，行動理論，コンティンジェンシー理論は，リーダーの在るべき姿を論じている点で，やや規範的なリーダーシップ理論であった。それに対して，変革型リーダーシップ理論，サーバント・リーダーシップ理論，エンパワリング・リーダーシップ理論といった３つのリーダーシップ理論は，フォロワーを能動的存在と捉えている点で，より現場に近い応用的な理論と言える。

　しかし，これらのリーダーシップ・スタイルに対してフォロワーが動機づけられているかどうかを理解するためには，リーダーに関する理論だけでなく，フォロワーに関する理論も必要となる。具体的には，組織やリーダーの掲げる目標達成に対するフォロワーの影響力を議論することが必要になる。フォロワーが組織やリーダーに与える影響力はフォロワーシップと呼ばれ，理想的なフォロワーシップ・スタイルを模索する研究が近年盛んに行われている。ノースハウス（P.G.Northouse）は，リーダーシップをリーダーとフォロワーの相互

作用によるプロセスと指摘しており，今後のリーダーシップ研究は，リーダーシップとフォロワーシップを統合した研究になることが予想される。

4.3　モチベーション論

　モチベーションとは，個人が行動する際の心の働きを意味する概念である。モチベーション論とは，行動を引き起こす個人の内面的な状態に焦点を当て，これを説明しようとする理論である。モチベーションに関する研究は，個人の行動を動機づける要因が何であるかを明らかにしようとする内容理論（content theory）と個人の行動がどのようなプロセスで動機づけられるかを明らかにしようとする過程理論（process theory）の 2 つに大別することができる。これら 2 つの理論については数多くの研究が発表されており，ここではその中でも代表的な理論について説明していく。

1.　内容理論

　内容理論の代表的な研究として知られるのは，マズロー（A.H.Maslow）の欲求階層説，マグレガー（D.McGregor）の X 理論・Y 理論，ハーズバーグ（F.Herzberg）の 2 要因理論の 3 つである。これら 3 つの理論は，いずれもホーソン実験以後に開拓された人間の心に関する研究（人間関係論）を発展させた理論である。

　マズローの欲求階層説とは，人間の基本的欲求を，①生理的欲求，②安全欲求，③社会的欲求，④尊厳欲求，⑤自己実現欲求の 5 つに分類し，これら 5 つの基本的欲求が順次階層構造を形成するというものである。つまり，下位の欲求が満たされない限り，上位の欲求は満たされないことを意味している。逆に言えば，個人を動機づけるためには，現在満たされている欲求の上位の欲求を満たすように働きかければ良いということでもある。

　マグレガーの X 理論・Y 理論とは，マズローの欲求階層説を基に構築した人間観に関する理論であり，人間の見方を X 理論と Y 理論に分類している。

X理論は，欲求階層説の低次欲求（生理的欲求・安全欲求）を比較的多く持つ場合の人間観であり，Y理論は，欲求階層説の高次欲求（社会的欲求・尊厳欲求・自己実現欲求）を比較的多く持つ場合の人間観である。マグレガーは，従業員をどのように見るか（X理論かY理論）によって，マネジメント手法を変える必要があると主張している。これら2つの人間観に基づくマネジメント手法は，生活水準の高さと関連しており，生活水準が上昇している今日では，Y理論の見方をするマネジメント手法が動機づけに効果的とされている。つまり，従業員による目標設定など成長欲求を満たすようなマネジメント手法が重要視されることになる。

　ハーズバーグの2要因理論とは，職務満足を規定する要因には，職務の達成感，昇進などの満足要因（動機づけ要因）と職場環境，対人関係などの不満足要因（衛生要因）といった2つの要因があり，これら2つの要因は互いに独立しているという理論である。つまり，不満足要因を解消したところで満足になるわけではなく，満足感を得るためには職務を充実させるなど別の動機づけが必要ということである。こうした2要因理論の研究成果は，従業員を動機づける要因（満足要因）が何であるのかを明確にし，職務拡大と職務充実の必要性を明らかにしている。

2. 過程理論

　過程理論の代表的な研究として知られるのは，ブルーム（V.H.Vroom）の期待理論である。期待理論では，個人が行動を開始する際の心の働き（欲求）を前提として，その後いかにモチベーションが発生するかを説明している。

　期待理論とは，何らかの行動を開始しようとする個人の意欲を前提として，モチベーション（Motivation）が，行動をうまく遂行できるという確信の度合い（Expectancy）と行動の結果に対する魅力（Valence）という2つの積（M＝E×V）によって決まるという理論である。行動を上手く遂行できるという確信の度合いには，仕事の難易度や仕事を行う際にかかる時間などが含まれ，結果に対する魅力には，報酬や失敗した際のリスクの大きさなどが含まれる。

　個人のモチベーションの大きさが期待と魅力の積で決まるというブルームの期待理論に基づけば，たとえ報酬が魅力的であったとしても，仕事の難易度が高いと感じれば，モチベーションは上がらないことになる。また，仕事の難易度が低くても報酬に魅力が無ければモチベーションは上がらないことになる。こうした期待理論から分かることは，従業員の動機づけには個人差があること，さらには，従業員を動機づけるためには，個人の能力や結果として何を求めているのかを理解しなければならないということである。

4.4　リーダーシップ論とモチベーション論との関係

　近年のリーダーシップ論は，従業員の自律的行動を促すことに焦点を当てている。しかし，リーダーシップ研究だけでは，リーダーシップの発揮が，どのようなプロセスを経て従業員の自律的行動を促しているのかまでは理解することができない。このような一連のプロセスを理解するためには，モチベーション論で展開されている理論とリーダーシップ論で展開されている理論を同時に考える必要がある。この 2 つの理論を統合する上で，参考になるのが，デシ（E.L.Deci）によって提唱された内発的動機づけ理論である。

　内発的動機づけとは，行動することそれ自体が目的となる動機づけのことである。内発的に動機づけられた状態とは，自らを有能（自己効力感）であり，自己決定的（自己決定感）であると認知することであり，人は内発的に動機づけられると自律的行動を開始するようになると考えられている。

　自己効力感とは，ある結果を生み出すのに必要な行動を，うまく遂行することができるという確信の度合いを示すものである。また，自己決定感とは，個人の選択や行動に対する責任を意味するものであり，自らの行為を始め，自らの行為をコントロールする選択権を，その人が持っているという感覚のことである。

　したがって，従業員を内発的に動機づけ，自律的行動を促すためには，能力に見合った権限委譲や行動結果に対する適切なフィードバックなどを行い，従業員の自己効力感や自己決定感を高めるリーダーシップ行動が必要であることが分か

る。このように，内発的動機づけ理論の考えに基づくことで，リーダーシップ理論とモチベーション理論を統合することが可能になり，2つの研究に対する新たな知見を得ることが可能になる。

Key Word ①：リーダーシップ

　組織やチームの目的を達成するために，上司やチームリーダーが他者に対して行使する影響力のことである。

Key Word ②：フォロワーシップ

　端的にいえば，フォロワーが組織やリーダーに対して発揮する影響力である。また，リーダーシップの発揮に対するフォロワーの態度や特徴と理解されることもある。

Key Word ③：モチベーション

　日本語では動機づけと訳され，行動を開始する際の心の働きである。報酬など外部から動機づけられることを外発的動機づけと呼び，人間の心の内からの欲求によって動機づけられることを内発的動機づけと呼ぶ。

ブックガイド（発展的学習のために）

　第4章で学んだリーダーシップ論とモチベーション論について，より理解を深めたい方にお薦めする文献は以下の通りである。

《リーダーシップ論》

金井壽宏（1991）『変革型ミドルの探求』白桃書房

渕上克義（2002）『リーダーシップの社会心理学』ナカニシヤ出版

《モチベーション論》

Deci, E.L.(1975), *Intrinsic Motivation*, Plenum Press（安藤延男・石田梅男訳（1980）『内発的動機づけ：実験社会心理学的アプローチ』誠信書房）

Bandura, A.(1995), *Self-Efficacy in Changing Societies,* Cambridge University(本明寛・野口京子監訳（1997）『激動社会の中の自己効力』金子書房)

渡辺峻・角野信夫・伊藤健市（2007）『やさしく学ぶマネジメントの学説と思想』ミネルヴァ書房，2007 年

《リーダーシップ論＋モチベーション論》

青木幹喜（2006）『エンパワーメント経営』中央経済社

参考文献

青木幹喜（2006）『エンパワーメント経営』中央経済社

Bass,B.M.(1985), *Leadership and Performance beyond expectations*, New York:

Free Press

Blake,R.R.&McCanse,A.A.(1991), *Leadership Dilemmas: Grid Solutions*,Gulf Publisher（田中敏夫・小見山澄子訳（1992）『全改訂・期待される管理者像』産業能率大学出版部）

Deci, E.L.(1975), *Intrinsic Motivation,* Plenum Press（安藤延男・石田梅男訳（1980）『内発的動機づけ：実験社会心理学的アプローチ』誠信書房）

Greenleaf, R.K.(1977), *Servant Leadership:A Journey into the Nature of Legitimate Power & Greatness,* New York: Paulist Press, Inc.（金井壽宏監訳・金井真弓訳（2008）『サーバントリーダーシップ』英治出版）

Hersberg, F., *Work and the Nature of Man*, World Publishing Company,1966（北野利信訳『仕事と人間性』東洋経済新報社，1968 年）

Hersey, P. & Blanchard, K.H.(1969), *Management of Organization Behavior,* Prentice-Hall（山本成二・水野基・成田攻訳（1978）『行動科学の展開－人的資源の活用－』日本生産性本部）

金井壽宏（1991）『変革型ミドルの探求』白桃書房

Maslow, A.H.(1965), *Eupsycian Management*, Richard D. Irwin（原年広訳(1979)『自己実現の経営』産業能率短期大学出版部）

McGregor, D.(1960), *The Human Side of Enterprise,* McGraw-Hill（高橋達男訳（1966）『企業の人間的側面』産業能率短期大学出版部）

三隅二不二（1978）『リーダーシップ行動の科学』有斐閣

Northouse, P. G.(2013), *Leadership*(Sixth Edition)，SAGE Publications

十川廣國編著（2015）『経営組織論』中央経済社

Stogdill, R.M.(1948),"Personal Factor Associated with Leadership: A Survey of the Literature", *The Journal of Psychology*, Vol.25

Thomas,K.W.(2000), *Intrinsic Motivation at Work: Building Energy & Commitment*, Berret-Koehler Publishers, Inc.

當間政義編著（2018）『マネジメントの基礎－企業と地域のマネジメント考－』五絃舎

Vroom,V.H.(1964), *Work and Motivation*, Wiley,1964（坂下昭宣他訳（1982）『仕事とモティベーション』千倉書房）

第5章

組織の中の個人の成長

†

●予習課題①

　キャリアは組織が主導するものから個人が主導するものに変化したとされる。これは何を意味するのだろうか。なぜそのような変化が起きたのだろうか。

●予習課題②

　企業の新入社員は，いつからその組織になじむのだろうか。組織の他のメンバーから認められ，受入れられるためには，どんな経験が役立つだろうか。

●予習課題③

　就職活動では希望企業への入社が目標であるが，入社後も仕事を意欲的に続けるためには何が必要であろうか。企業のどんな支援や制度が役立つのだろうか。

5.1　キャリア論

1．キャリアとキャリア・マネジメント

キャリアにはいくつかの意味が含まれている。現在の日本でキャリアというと，

将来の職業計画やこれまでの仕事の経験である経歴として使われることが多い。また職業，特に専門的職業や昇進や昇格のある雇用を意味としても用いられる。

　ホール (Hall, 1976) による代表的なキャリアの定義では「個人の生涯を通じて，仕事に関わる諸経験や諸活動に関連した態度や行動の個人的に知覚された連鎖」とし，キャリアを昇進・昇格，専門的職業，生涯の仕事経験，生涯の役割経験と分類している。ここには「生涯を通しての仕事経験」という客観的で外的なキャリアと「仕事の活動に関連する態度や行動」という主観的で内的なキャリアが含まれている。

　キャリアとそのマネジメントは今日では大きな関心を高めている。それは組織と個人の関係が変化してきたためである。つまり，個人がキャリアをより考えるようになったという変化がその背景にある。いわゆる日本的経営が大きく変わった 1990 年代以降の日本において，このような変化は顕著であるが，これは日本だけのものではない。

　欧米の企業においても，その多くが 20 世紀に考えられていたキャリアのあり方を組織主導から個人主導へと変化させている。それは，一つの企業や組織で昇進していくキャリアのあり方から，個人や従業員がより多くの主体性を持ち，多様なキャリアを求めることによる変化である。

　企業をはじめとする日本の組織では，新規学卒者を採用し，長期雇用により職務の経験を積み重ねることで従業員の能力を高めてきた。そうして，次第に難しい仕事を担当するという職務経歴，つまりキャリアが築かれてきた。これは新卒採用，終身雇用そして評価や賃金における年功制を意味している。

　生涯で一つの企業，組織で働き続けることで，OJT や研修などが行われ，モチベーションや能力が高く成果を上げた従業員には昇進としてより高い報酬と権限が与えられた。これは組織内でのキャリアが従業員である個人のキャリアのほとんどを占めていることを意味する。しかし，グローバル化の競争激化や不確実性の高い現代社会において，多くの企業では従業員の長期的な雇用の確保が難しくなっている。

　それは従業員が文字通り，組織に従って仕事をしているだけでは，そのキャリ

アが安泰とは言えないことを意味する。従業員が個人として自らのキャリアを考え，キャリアを主体的に選択しなくてはならない状況が増えてきている。これまでのように企業や組織に今後の自分のキャリアを依存することはできなくなっていることがキャリアへの関心の高まりの理由なのである。

　そのようなことから，組織から個人主導によるキャリアへとシフトする場合に，どのようにキャリアを捉えるか，考えるか，また行動すべきであろうか。そうした考え方や行動の仕方を決めるのがキャリア・マネジメントである。企業など組織内だけでキャリアが完結しない状態，例えば転職があったり，仕事を休んだり，家事育児や休養，学習の期間が続いたりとキャリアが組織の内外を行き来することも考えられる。このように組織の内外という境界がないキャリアを考えることが重要となってきており，それはバウンダリーレス・キャリア（境界のないキャリア：boundaryless career）と呼ばれる。

2.　組織と個人からとらえるキャリア

　キャリアの捉え方にはいくつかの視点があり，その一つは客観的なキャリアと主観的なキャリアである。客観的キャリアは外的キャリアでもあり，昇進など明らかな変化のある人事異動等がそれに該当する。一方，主観的キャリアとは内的キャリアとも言えるもので，昇進など目に見える変更がなくても心理的な変化のあるキャリアの捉え方である。

　さらに，キャリアの捉え方には，組織からのキャリアと個人からのキャリアというものがある。組織からのキャリアとは，キャリアを組織から考えること，組織側の見方でキャリアを捉えることを意味する。これまで一般的とされてきたキャリアの捉え方とは企業など組織が主導するものが多かった。例えば，人事部門や教育部門による採用，配属，人事考課，教育研修といった制度や施策は組織からキャリアを捉えて行われてきたものといえる。

　一方，個人からのキャリアでは，組織や企業などとは異なり，あくまで個人にとってのキャリアを考えることになる。アメリカの組織心理学者エドガー・シャイン（Schein, 1978）によるキャリア・アンカー（Career Anchors）という考え方は，

　自分のキャリアが何に根差しているかを考えるものであり，個人からキャリアを捉える上で，とても有益なものである（図表5-1を参照）。

図表5-1　キャリア・アンカー

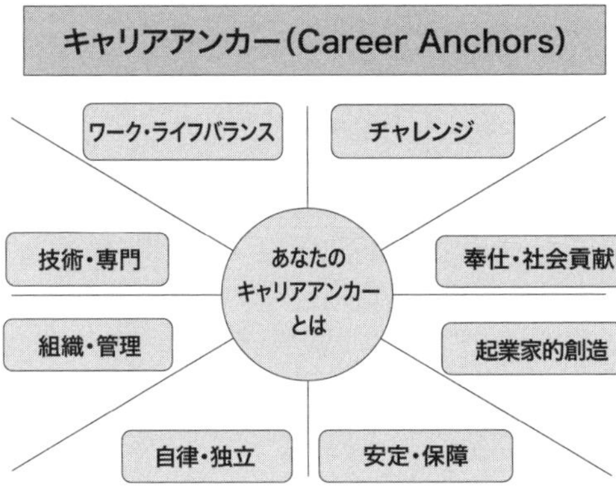

出所：Schein(1978)に基づき筆者作成。

　キャリア・アンカーとはキャリアの錨であり，それはキャリアの中心にあり，基本となる価値観を示している。自分のキャリアを考える上で最も重要な価値観や欲求である。そのため，どのようなキャリアを重視し，どのような方向性があるかを考える上での指標になる。図表5-1に示されるように，キャリア・アンカーには技術・専門，組織・管理，自律・独立，安定・保障，起業家的創造，奉仕・社会貢献，ワーク・ライフバランス，チャレンジの8つの志向がある。どれが自分のキャリア・アンカーであるかを決めるためには，自分は何がしたいのか，何が得意か，何が好きか嫌いかという自己分析をし，どんな生活をしたいか，どのように働きたいかを問うことである。

3．自律的なキャリア

　これまで記してきたとおり，現代においては個人にシフトしたキャリアが重要になっており，その中で自律的キャリアという考え方が広く使われてきている。

自律的キャリアを実現するということは，企業など組織主導のキャリアに囚われず，自己のキャリアを構築できること，そのための行動ができることである。

　このように現代の従業員や組織メンバーは自身でキャリアを管理していくことがますます重要になっている。具体的には自分の目標や現在の能力，目標達成のために必要な能力を把握し，それらを習得すること，最新の知識や技術を身に付けること，人脈を構築・維持すること，自分の功績を記録し，それを組織内外の人に伝えることが求められる。

　こうして自分自身のキャリアを管理できていれば，キャリア・プラトー（キャリアの高原状態）といわれるキャリア構築の壁にぶつかって，キャリアの停滞を余儀なくされることがあっても，自らのキャリアを発展させていくことができる。企業など組織側が提示するキャリアは一元的であったり，硬直的であったりするが，自律的にかつ柔軟に自己のキャリアを考えていれば，多様なキャリアの道が開けてくる。

　また組織と個人の双方に関わるキャリアにとって重要な概念は，雇用されうる能力という意味のエンプロイヤビリティ（employability）である。これは一般には転職できるための能力を表している。そもそもエンプロイヤビリティは1980年代に米国で生まれた概念であり，雇用継続が難しくなる中，他社でも通用する能力を高める機会を提供することである。エンプロイヤビリティにおける能力や個人で習得した能力と企業など雇用先での仕事を通して獲得した能力の双方が含まれている。そういう意味ではエンプロイヤビリティとは組織と個人双方に関わる能力であり，なおかつ外部でも評価される能力なのである。

5.2　組織社会化

1.　組織社会化とは

　企業における新入社員など新たに組織に加わったメンバーが，組織にどのように馴染んでいくのか，そうした組織への適応プロセスが組織社会化（Organizational Socialization）である。組織社会化を学術的に定義すると「組織への参入者が組

織の一員となるために，組織の規範・価値・行動様式を受け入れ，職務遂行に必要な技能を習得し，組織に適応していく過程」（高橋，1993）ということになる。

　組織社会化は組織論の古くからの課題であり，社会化として取り上げられている。それだけ組織が新しい人材を確保し，組織の文化になじみ，組織に定着させることが課題であることが伺える。シャインらは，社会化を新しい組織メンバーがその組織の文化，すなわちその組織内でどのように考え，感じ，どのように振る舞うかの学習プロセスであるとしている（Dornbush,1955；Schein,1985）。

　組織の一員として仕事を進めていくために，求められる役割や知識，規範，価値観などを獲得して，組織に適応していかなければならない。新入社員など新たに組織に加わったメンバーはその組織や仕事，他のメンバーの考え方など，当初は何もわからないが，やがて研修を終え，職場に配属され，時間が経つにつれ，次第に組織の一員になっていく。このようなプロセスを経て，組織社会化が進んでいくことになる。

2．組織社会化が重要となる理由

　企業などマネジメントの側からは，新入社員教育やOJTといった施策を通じて，組織社会化を進めていることになる。組織社会化のプロセスが順調に進めば，新入社員は組織に早く適応し，他のメンバーと効率的に仕事を進められることを意味する。こうした組織社会化は，上司であるマネジャーや新人を迎えた職場のメンバーによって促進される。

　現代のビジネス環境では育成においてもスピードが求められていることが多いため，新入社員が一人前になること，すなわち組織社会化に対する期待も大きくなっている。企業では新人の組織社会化を早く行うことが求められ，新卒内定者や入社時の研修，メンター制度やOJTが重視されている。採用人員が限られる中，人材の迅速な戦力化を図ることが経営課題の1つになっているのである。

　一方，組織社会化がうまくいかない，つまり新入社員をはじめとする若手人材の戦力化が進まないということは，そうした人材が組織や職場に適応できず，十

分に能力を発揮して仕事を進めることができないことを意味する。こうした状況に早く適切な手を打てないとなると，社会化が失敗することになる。具体的には欠勤，遅刻や早退など勤務が不安定になってしまい，いわゆる組織への不適応が引き起こされる。そのままの状態が続くと，組織に適応できない人材は退職することとなり，それ以前にも事故やメンタルヘルスの問題を引き起こす恐れもある。反対に組織に過剰に適応して働きすぎとなると，今度はうつ病や過労死を招くというリスクも生じる。このように企業など組織にとっても組織社会化を促進し，人材の職場適応を適切に進めることはとても重要なことである。

3.　組織社会化のプロセス

　組織社会化のプロセスとは，概念として 3 つの段階があると考えられる。予期的社会化，適応，および役割管理である。組織参入前の第 1 段階は予期的社会化であり，新しいメンバーが組織に入る前のすべての学習や経験が含まれる。第 2 段階の適応では，新入社員が会社に入り，どんな組織かを実際に見て知る段階である。ここでは期待と現実が異なっていることを認識する可能性もある。第 3 段階の役割管理は，その後の長期間にわたる変化である（図 5-2 を参照）。

　第 3 段階を経て，新入社員は組織に留まるかどうかを決定することになるが，それと同時にその組織でどれほどの生産性を上げられるか，どれほど組織目標にコミットできるかといった結果に影響を与える決定を行うことになる。

　第 1 段階の組織参入前に，新入社員は大学など学校で，かなりの社会化を身につけている。就職活動，いわゆる就活において，学生は自分や企業のことを確認し，自分に合った就職先を探ることになる。これらは学生が企業の望む考え方や行動を理解し，習得するための組織参入前の予期的社会化である。

　第 2 段階の適応は新入社員が企業に入社する，つまり組織に参加することで始まる。ここでは期待と現実とのギャップ（違い，隔たり）に直面する可能性がある。そのギャップが小さい，つまり期待と現実があまり変わらなければ期待通りで，さほど問題にならない。しかし，期待と現実が異なる場合，新入社員はこれまでの想定を捨てて，組織の現実に対応するために想定を新しいものにする必

要が出てくる。このように新入社員が直面する組織参入前の期待やイメージが
参入後の現実と異なった場合に生じる心理的現象はリアリティショック（Reality
Shock）として知られている。近年，社会問題となっている若手就業者の早期離

図表 5-2　組織社会化のプロセス

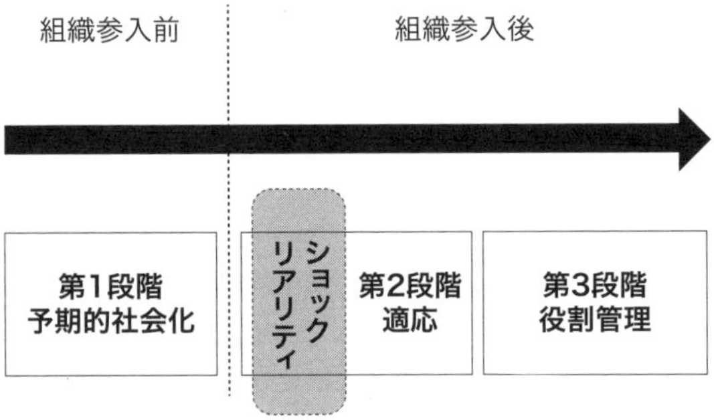

出所：Feldman(1976) に基づき筆者作成。

職の原因の一つにはリアリティショックがあると考えられる。

　新入社員は第 2 段階で発見した問題に対応するため，変化の過程を経験する
ことになるが，それが第 3 段階の役割管理である。どのような役割が果たせるか
が重要であり，組織や仕事を快適と感じられれば，入社時の社会化プロセスは成
功したことになる。そうなる場合，新入社員は組織の規範を理解し，それを受け
入れている。また同僚からも信頼され，受け入れられていると感じている。しか
し，新入社員がそうした役割をうまく管理できない場合は離職につながることに
なる。これらの 3 つの段階と結果については図表 5-2 にまとめた通りである。

　新入社員に限らず，組織メンバーはその後も人事異動や転職などで新しい組織
や職場に順応することが求められる。そこでまた新たに組織社会化が行われるこ
とになる。雇用の流動化や事業再編などが多くなり，人材の組織内外の移動は増
えるため，いったん組織社会化がなされてもそれで安心とは言えない。常に組織
の環境変化，出向や転勤などの人事異動が生じるからである。

　組織社会化をうまく行うことで，安定して職場の協力が得られ，情報が入り効

率的に仕事を行うことができる。職場で理解され，受け入れられていることは組織で仕事をする上で大変重要なことである。反対に，新しい職場でうまく組織社会化が進まないと，そこでは組織からの反発を招き，仕事がうまくいかなくなる。その結果，体調を崩し，メンタルに不調をきたすということも起こりうる。

4.　組織社会化と社会化エージェント

　組織社会化を促進するための役割を果たす人たちは社会化エージェント (Socialization Agent) とされる。社会化エージェントには上司，先輩，同僚，メンターなどがある。新入社員など組織の新規参入者は様々な方法で組織の規範，価値，ふるまい，そしてスキルを学習するが，そのほとんどは組織内の他者からの学習によるものである (Fisher, 1986)。

　社会化エージェントの代表的存在である上司は，新入社員にとってその社会化にとても重要な役割を果たしている。新入社員にとって上司は，まず組織での達成目標となる仕事を指示する人である。仕事とキャリアに関する情報を有し，その割り当てや指導を行う上司は新入社員のキャリアに関わる決定を行う重要な社会化エージェントである。

　同僚は新入社員にとって最も頻繁に接する社会化エージェントであり，公式非公式のコミュニケーションから様々な組織のルールの多くを学べる存在である。先輩は上司と同僚の中間的な立場にある社会化エージェントであり，上司のような権限は持たないが，組織での行動規範を示すと共に，仕事の実際的指導や経験からのアドバイスを行うなど重要な存在となる。

　メンター (mentor) とは若手を指導し，助言を与え，また相談相手ともなる社会化エージェントであり，一般に年配者である。組織から必ず指示や紹介されるとは限らず，当事者間でインフォーマルに設定される場合も少なくない。自分で組織の内外で探すことができるし，自分から頼むことや上司や先輩に紹介してもらうことでもよい。このように組織内外の様々な他者が社会化エージェントとなりうる。組織社会化を効果的に行うためには，社会化エージェントが重要であることが明らかとされている。

新入社員をはじめ新規参入者の情報源としては，訓練（practices），経験（experiences）そして人（people）の３つがあげられる。これらは社会化エージェントという人だけでなく，情報を得ることになる場や機会が含まれている。具体的には，①公式オリエンテーション，②宿泊研修，③同期，④先輩，⑤メンター，⑥同僚，⑦上司，⑧サポートスタッフ，⑨交流会・同好会活動，⑩出張，以上が示されている（Louis, Posner and Powell,1983）。

5.3　人的資源管理

1.　人的資源管理とは

経営とは経営資源を有効に活用し，組織目標を達成することである。そのためには労働力を生み出す従業員が最大限に力を発揮できるようにさまざまな支援が必要になる。そうした支援を行う働きやそのための制度や施策となるのが人的資源管理である。

日本の社会や企業では「人的資源管理」という名称よりは，「人事管理」，「労務管理」また「人材マネジメント」といった名称の方が一般的である。また最近は「人財マネジメント」との名称も広まっている。これは人財とすることで財宝のように人を重視するとの意図からできた用語である。本来，人材の材とは才能を意味しており，その価値は財宝以上になりうるため，人材という用語も人の価値を高く表していると言える。このような名称には歴史的な背景や導入の経緯の違いがあり，人的資源管理という名称は英語のヒューマンリソース・マネジメント（human resource management）を日本語に訳した用語である。

人的資源管理には，人が企業など組織に入ってから，そこで働き，成果をあげ，評価され，報酬を得る，そして昇進し，教育訓練を受け，部署や職務が変わるという，人に関わる仕組みや制度が含まれている。従業員という組織の人材はそうした動きを経て，やがて中途退職や定年退職によって組織を去る。このように人的資源管理には，人材の組織での働きに関わるあらゆるマネジメントが包含されている。その中で働くことに対する基本的な支援を行うのが雇用管理である。

　雇用管理は従業員の採用，配置，職務転換，昇進昇格，退職といった労働力の配分に関する管理である。そこには人が組織で働き始め，そこで働きを続け，成果をあげていくという，従業員が労働力を提供するために必要な仕組みや制度が含まれている。具体的には何人の従業員をいつ採用するのか，各部門にどのような経験や能力を持つ人を何人配置するか，各部門で必要な人をどのように確保するのか，そのためにどのような人事異動を行うかといったことである。これらはすべて雇用管理に関わる仕事であり，決定事項である。

　採用を有効に行うためには景気，失業率や求人など雇用動向，賃金水準，業界の現況，技術革新，消費者の選好など政治，経済，社会，科学，文化など組織の外部環境と内部環境（図表5-3を参照）を把握し，企業の先行きを予測する必要がある。これは人事部や採用担当だけで行えることではなく，組織全体で取り組むことであるが，そうした将来の見通しと当該組織の戦略を併せて必要な組織や人員が決められる。新卒か中途か，正規か非正規かといった採用予定の人材の雇用形態，大卒や高専など学歴や技術系といった資格や専門分野も含め，どのような人材がどれだけ必要になるかを決定しなければならない。

図表 5-3　企業を取り巻く外部環境と内部環境

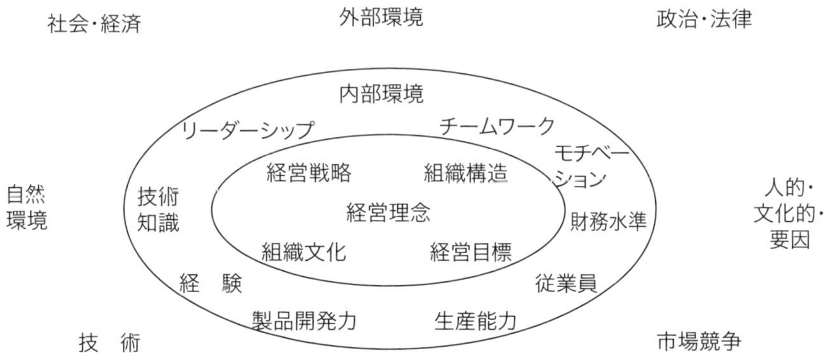

出所：宮下清（2011）『テキスト経営人事入門』より。

　こうして採用した人材を，必要かつ適切な部署に配置する配属決定を行い，ようやく新入社員は採用担当から配属先に移される。そして，その後はそれぞれの部署がそこでの仕事ができるように，新卒の人材を育成していくことになる。そのために企業内研修など教育訓練を受けることもあるが，新卒研修を終えての配属後しばらくは仕事を通しての育成，つまりOJTによる育成が上司や先輩から行われることが一般的である。

　その後，担当業務が変わり，さらに所属する部署も変更になるかもしれない。こうした所属部署や勤務地の変化は人事異動によるものであり，上司や先輩も含めたあらゆる組織メンバーが対象となる。組織の縦の動きである昇進昇格はもとより，横の動きである配置転換を含めた，人事異動はあらゆる組織で生じることである。採用や退職のような組織の外部と関わる人の動きは目立つが，組織内の移動の方がはるかに多くの人が対象となっている。

2.　人事評価と報酬

　企業等の組織において従業員などの人材が働き続けるためには何が必要だろうか。仕事の目標や仕事への意欲なども重要であるが，報酬を得ることが最も基本的でより重要と考える人が多いだろう。ほとんどの人にとって生活するために必要なお金，つまり経済的報酬を得ることは企業の従業員に限らず，働くための大前提である。これはマズローの欲求段階で言えば生活の基盤であり，生きていくための原資となるからである。まず確保しなくてはならない生理的欲求，安心安全の欲求を満たすものが報酬である。

　報酬が不可欠であることは明らかだが，それではどれほどの額の報酬を与えることが適切だろうか。報酬を得られる側（従業員）からは金額が多ければ多い方がよく，与える側（企業）にとってはその反対であることは明らかである。実際には多くの人の報酬が関わるので場当たりで一人ひとりの報酬額を決めることは一貫性がなくなる。同じ年齢で一緒に入社した人の中で，たまたまある人が高い報酬を得ているという不公平なことが起こりうる。

　そのため，公正で公平な方法で報酬額を決めておかなければ，働く人は自分

の報酬額に納得して気持ちよく働くことはできなくなる。つまり，適切な報酬を与えるということは人という重要な資源を扱う人的資源管理にとって大きな役割であり，企業組織の根幹的な仕組みを考えなくてはならないことが理解できるだろう。

　そこで人事評価の出番である。報酬（給与）を決めるためには企業など組織内のその従業員の位置づけを定める必要があり，そのために人事評価が行われる。人事評価というと部長に誰が就任するかとか課長に誰を昇進させるかを決めるためなど限られた人や部署だけを対象に行われていると思われるかもしれない。しかし，あらゆる組織のメンバーには，その位置付け，ポジションがあり，それは評価によって決められている。そしてその位置づけを基盤にした評価によって報酬も決められるのである。

　従業員を位置付ける典型的なものは職級制度である。これは一般従業員を 1～4 級といったランク付けを行い，その中で得られる報酬の範囲（給与表）を決めていく制度である。そのように職級を枠組みとして，どのようにその中のランクに当てはめるかが重要となる。評価の要素となるものは，年齢，学歴，勤続年数，これまでの仕事への取り組み，仕事での成果，取組んでいる仕事の範囲・量・質，勤務状況，職務遂行能力，意欲，労働時間など多くの項目が考えられる。ここから何をどれだけ評価するかによって，年功主義，能力主義，成果主義での評価制度となる。

　日本企業の多くは仕事だけでなく，それを遂行する能力を併せた職能資格制度という複合的な要素で人事評価を行ってきた。しかし，職能資格制度は年功的な運用に陥りがちなものとして批判されている。このように人事評価の方法には常にどの方法がよいかといった正解はない。同じ企業でもその時に今後最もよいと考えた評価方法を導入するなど変化している。このように人事評価によって，その組織での従業員の評価が決まり，それにより報酬(給与)も決まってくるのである。

3.　人材育成と教育訓練

　企業など組織における人的資源管理の中で最も多様な取り組みができる，い

わば自由度の高い仕事と言えるのが教育訓練などの人材育成に関するものであろう。なぜなら，人事異動，評価や報酬では法律等で規定される労働時間，労働環境や賃金水準等に関わり，それらを満たした上でも，限られた職位や資金を分配しなければならない。しかし，人材育成のための教育訓練では最低限必要とされることは少なく，その方法や目標には資源の制約や限界がほとんどない。このように教育訓練はやり方次第で少ない費用でも高い成果をあげることが可能となる。新入社員や若手社員はもとより，中高年や女性の従業員，非正規や障がいのある従業員など，あらゆる人材の能力を高めることは仕事の成果を大きくすることにつながる。

　人材育成のための教育訓練の方法は，一般に仕事をしながら行う OJT（On the Job Training: 職場内訓練），仕事を離れて行う Off-JT（Off the Job Training: 職場外訓練），従業員が自ら取り組む自己啓発（SD: Self-Development）が主なものである（図表 5-4 参照）。

図表 5-4　人材育成の体系と方法

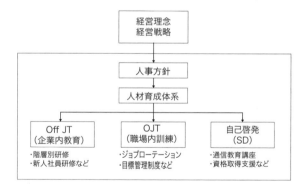

　最も代表的な教育訓練として階層別研修があげられる。これは Off-JT の一つであり，管理職や中堅社員など同じ階層の従業員（人材）を研修の対象としている。新入社員にその会社や部門の概要や目標，組織や管理職の紹介，社会人や従業員として身につけておくべきことを習得させる新入社員研修は典型的な階層別研修の 1 つである。

　階層別研修のように対象者を集めて行う Off-JT は，企業内研修とも呼ばれる。Off-JT は費用がかかり，受講者である従業員は職場を離れるため，頻繁に行えるものではない。そのような事情もあり，一般的な人材育成の方法は OJT となっている。OJT は広く浸透し，ほとんどの企業で行われている。ただし，OJT といっても非常に多様であり，その目標，期間，担当，指導内容などを細かく規定して行われるものは，公式な OJT とされる。

　それに対して広い意味での OJT は慣習として，また任意に行われ，特段の決まりがない。一般的には公式なものと任意の OJT の中間的なものが多く，担当を決めて新入社員の一年間のみを行うが，その内容や方法は担当に任せるといったものである。このように厳密な OJT ではない，いわば非公式な OJT が広く行われている。そうした OJT であっても，高い成果をあげることはできるものの，担当者による効果のばらつきが大きくなり，配属部門によって新人の育成度合いが異なってしまうという恐れがある。

　そのため，人材育成の担当部門では全社で共通の育成目標と一定範囲で統一した育成方法や期間を定めておく必要がある。また半年後や一年後に対象となる新入社員を集めて，研修を行い，OJT による育成の成果を振り返ることが効果的である。特に新入社員には育成のため，半年ごとなど短期間にいくつかの職場を経験させるジョブローテーションが行われるが，これも OJT によって行われる育成の1つである。人材育成の方法として派手さはないが，OJT の有効性は広く知られており，うまく活用することで人材育成はもとより，組織全体に良好な波及効果が期待できる。

Key Word ①：キャリア・アンカー

　アメリカの組織心理学者エドガー・シャイン（Edger H. Schein）により提唱された概念で，個人がキャリアを選択する際に重視する価値観や欲求のことであり，管理，専門，自律・独立，安定，創造，社会貢献，バランス，チャレンジの8つから構成される。

Key Word ②：リアリティショック

　組織参入前に形成された期待やイメージが組織参入後の現実と異なっていた場合に生じる心理現象で，学生から社会人への移行を果たした個人の組織への愛着や定着にネガティ

68

ブな影響を与えるものことである。

Key Word ③：職務遂行能力

　仕事を進める上で必要な能力のことで，担当する職務に関する知識，技能等が該当する。さらに職務を行う上で必要な企画や計画する力，コスト，判断力，コミュニケーション，チームワークやリーダーシップは汎用的な力で，仕事により専門知識や語学力等も含まれる。

Key Word ④：OJT

　日常業務を通して上司などから行われる教育訓練のこと。人材育成の中でも基本的な方法であり，実効性が高く，広く行われている。上司や先輩など OJT 担当者が部下の職務に必要な能力や知識を高めるため，職場で実際の仕事を通じて指導を行う人材育成方法である。

ブックガイド

　以下の参考文献は，本章がテーマとする「組織の中の個人の成長」の学習で役立つもので，組織論（キャリア，組織社会化を含む），人的資源管理に関するテキスト・参考書である。

参考文献

上林憲雄・厨子直之・森田雅也（2018）『経験から学ぶ人的資源管理（新版）』有斐閣

人材育成学会編（2019）『人材育成ハンドブック』金子書房

田尾雅夫編著（2010）『よくわかる組織論』ミネルヴァ書房

開本浩矢編著（2019）『組織行動論』中央経済社

馬塲杉夫・蔡芒錫・福原康司・伊藤真一・奥村経世・矢澤清明（2015）『マネジメントの航海図』中央経済社

宮下清（2013）『テキスト経営・人事入門』創成社

Robins, P. S. (2005), *Essentials of Organizational Behavior, 8th ed,* Prentice Hall（髙木晴夫監訳（2009）『組織行動のマネジメント』ダイヤモンド社）

第6章

組織の中のグループ

†

●予習課題①

　小集団は，「組織の中で，何らかの関心の下で集まり，影響を与え合い，依存しあうような自然に発生する人々の集まり」と定義されている。ここでの目的は，集団凝集性，集団浅慮，集団圧力といった小集団が意思決定する際に起こる問題点を概観し，効果的と考えられる小集団のコミュニケーション・パターンを理解することである。

●予習課題②

　チームは，「協調を通じてプラスの相乗効果を生むために組まれた複数の人々」と定義されている。相乗効果とはつまり，個々人の努力が，個々の投入量の総和よりも高い業績水準をもたらすということである。ここでの目的は，組織の中のチームにはどのようなタイプがあるのかを概観し，それぞれのチームの目的を理解することである。

6.1　小集団の意思決定とその問題点

　今日の激しく変化する経営環境下において，その変化に対応するために企業内には多くのチームが存在する。その理由は，組織内にチームが存在することで，

70

意思決定の柔軟性やスピードあるいはチームメンバー間の学習などの効果が期待されるからである。

チームと似た言葉に小集団があるが，その意味合いは異なっている。小集団は「組織の中で，何らかの関心の下で集まり，影響を与え合い，依存しあうような自然に発生する人々の集まり」と定義される。それに対して，チームは「協調を通じてプラスの相乗効果を生むために組まれた複数の人々」と定義される。

チームと小集団を分かりやすく比較してみると次のようになる。つまり小集団とは，メンバー各自の責任の範囲のうちで業務遂行を助け合うことを目的とし，情報の共有や意思決定を行いやすくするために互いに交流するものである。したがって，その業績はメンバーの貢献度の総和となり，「1＋1＋1＝3」という数式で表すことができる。これに対して，「1＋1＋1＝5」を成り立たせようとするのがチームである。個々の投入量の総和よりも高い業績水準をもたらす相乗効果が期待されるのがチームと言える。それゆえにチームは組織内で意図的に作りだされるのである。

ここでは，小集団に焦点を当て，集団凝集性，集団浅慮，集団圧力といった小集団が意思決定する際に起こる問題点について，その内容をみていくことにしよう。

1. 集団凝集性 (group cohesiveness)

集団凝集性とは，メンバー同士の密度が濃くなり，団結力が高くなるという現象のことである。集団凝集性には，次のような4つの特徴があると考えられる。①集団がまとまる，②集団の安定性が見出される，③メンバー間の仲間意識が向上する，④メンバーが集団にとどまろうとする。このような集団凝集性によって，メンバーが集団にとどまろうとする力が働き，メンバー間の仲間意識が高くなるのである。また，集団凝集性が高いと，その集団に所属したいという帰属意識の感情が強まることも重要である。

しかし，高い集団凝集性が組織の意思決定との間で問題を引き起こすこともある。ロビンズ (S.P.Robins) は，集団の意向が組織の目標と一致しない場合，生産

図表 6-1　集団凝集性と生産性の関係

集団目標と組織目標の一致度		高	低
	高	生産性が大幅に上昇	生産性が少し上昇
	低	生産性が低下	生産性に影響なし

出所：Robins,S.P.,*Essentials of organizational behavior 5th ed*,Prentice hall,1997.（髙木晴夫監訳『組織行動のマネジメント：入門から実践へ』ダイヤモンド社，1997 年）より作成。

性が著しく低下することを指摘している（図表 6-1）。このように，集団凝集性が良い方向ばかりに影響するわけではないことに注意しなければならない。

2.　集団浅慮 (group think)

集団凝集性が高い集団は，意見を統一させ，コンセンサスを作ることに積極的になる。この現象は，集団浅慮と呼ばれる。そして，集団内に以下の 4 つの特徴が見られる時，集団浅慮が存在すると考えられる。

第一に，集団のメンバーが，自分達の考えに抵抗する意見に対してさまざまな理屈をもって説き伏せる時である。第二に，集団のメンバーの中で多数派の意見を支持することに疑いをもつ人々に対して圧力をかける時である。第三に，集団のメンバー自らがもつ疑いを口にしなくなり，自分達の抱く疑いの意見を指摘しなくなる時である。そして，第四に，集団のメンバーの多くが沈黙し，多数派と同意見と解釈される時である。

こうした集団浅慮という現象は，集団における意思決定に対して多くの欠陥に繋がることが考えられる。例えば，集団浅慮によって，①問題評価の不完全さ，②情報収集の不十分さ，③情報処理過程における偏向などである。このような集団浅慮に関する問題点については，ジャニス (I.L.Janis) が行った実験によっても示されている。

3. 集団圧力 (group pressure)

集団浅慮は，集団に定着し，さらに深く浸透していくことになる。そして，集団の中の意見に従わない者や，新しく入ってきたメンバーに対して圧力をかけることになる。これが集団圧力である。集団圧力が起こる要因には，集団内の規範が深く関与している。つまり，集団の規範を中心に集団内のメンバーの考え方や思考を似通ったものにする，あるいは同一にするよう，メンバーに働きかけるといった具合である。また，集団の規範を守らせ，協力し助け合うといった側面も存在する。

こうした集団圧力という現象には，次のような問題点が考えられる。第一に，集団がメンバー個人に圧力を加えることで，集団の成長がなくなることである。第二に，集団内でメンバーのいじめが発生することである。そして，第三に，間違った規範の下で集団圧力をかけた場合，社会的にもその集団が認められなくなることである。このような集団圧力に対して個人が屈してしまうことは，アッシュ(S. E. Asch) の実験によっても証明されている。

6.2　効果的な小集団のコミュニケーション

これまで小集団が意思決定する際に起こる問題点について述べてきた。では，小集団が効果的な意思決定をするには，メンバー間でどのようなコミュニケーション・パターンをとるのがよいのであろうか。ここでは，その点について説明してみたい。

バヴェラス (A. Bavelas) は，図表6-2 に示した2つのコミュニケーション・パターンが，グループの生産性やメンバーの士気にどのような影響を与えるのか実験を行った。まず，2つのグループを編成し，それぞれのコミュニケーション・パターンで作業を行わせた。それぞれのグループメンバー全員に色の違う石5つ（そのうち1つの石だけが2つのグループに共通してる）を渡し，この共通の石が何色かを発見させるという実験である。

実験の結果は以下の通りであった。①星形グループの方が環形グループよりも

仕事が早く，答えを見つけるのが早かった。②環形グループのメンバーの方が星形グループのメンバーよりも作業に取り組む士気は高かった。星形のグループは，答えを見つけるのが早いだけでなく，正解を得るためのより良い効率的な方法まで考えだしていた。しかし，リーダーの一方的な支配が強かったため，メンバーは答えを見つけようと積極的に貢献しようとする気配はなく，また答えに至る過程で不満を感じることも多かった。

　一方で，環形グループは，答えを見つけるのが遅く，星形グループのように効率的な解決方法を見つけることもなかった。しかし，作業そのものは楽しんでいる様子であり，メンバー間の関係は非常に良好であった。星形グループと異なり，コミュニケーションを取る回数も多く，メンバー全体で問題の解決にあたっていた。

　バヴェラスの実験から分かることは，集団内のコミュニケーション・パターンは，生産性やモチベーションに影響を与えるということである。生産性に関して言えば，星形グループの方が環形グループよりも効率的であり，答えを見つけるのも早かった。しかし，作業を複雑にした場合，答えを見つけるのが早かったのは環形グループであった。

図表 6-2　コミュニケーション・パターン

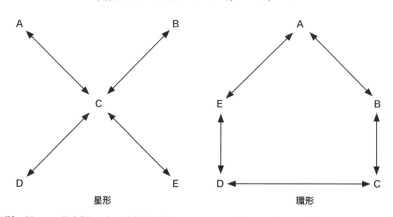

星形　　　　　　　　　　　　　　環形

出所：Hersey,P.&Blanchard,K.H.,*Management of Organization Behavior*,Prentice-Hall,1969.（山本成二・水野基・成田攻訳『行動科学の展開－人的資源の活用－』日本生産性本部，1978 年）より作成。

6.3 チームのタイプ

チームは「協調を通じてプラスの相乗効果を生むために組まれた複数の人々」と定義されている。チームでの活動は、個々人での活動と比べて、メンバー間の相互作用によってさまざまな成果を生み出すことができる。それゆえにチームは組織の中で意図的に作り出される。この点は自然発生的に生じる小集団と異なっている。

チームが成果を生み出すためには、目的に合わせてチームを編成することが重要である。例えば、問題解決を目的とした QC サークル (quality control circle) はその一例である。ここでは、組織の中のチームには、どのようなタイプが存在するのかをみていくことにしたい。

組織の中のチームは、その目的に合わせて①自己管理型チーム、②機能横断型チーム、③バーチャル・チームといった 3 つに分類される。それぞれの内容は以下の通りである。

1. 自己管理型チーム

自己管理型チームはセルフマネジング・チーム (self-managing team) とも呼ばれ、通常 10 名ないし 15 名から成り立っている。メンバーは上司が従来負っていた責任を引き継ぐことになる。この責任には、作業速度の集団管理、作業割り当ての決定、休憩時間の調整、検査手順の集団的選択などが含まれている。また、チームのメンバーを自分達で選定し、互いの業績を評価し合うこともある。

自己管理型チームにおけるマネジャー（リーダー）の役割は、通常のチームとその役割が異なっている。通常のチームにおいては意思決定の権限はリーダーがもっており、リーダーはチームにとって重要な意思決定を行い、チームを引っ張る役割が求められていた。しかし、自己管理型チームにおいては、意思決定の権限はチームに委譲されるため、メンバーをサポートする役割を担うようになる。

このような自己管理型チームは、意思決定にメンバーが参加することで、自己

決定的になり，また仕事の意味も感じることができるようになるため，結果として仕事の質が改善される。さらに，意思決定の権限が現場に近いメンバーに委譲されるため，問題解決にかかる時間を短縮することができる。

2.　機能横断型チーム

　機能横断型チームはクロス・ファンクショナル・チーム (cross-functional team) とも呼ばれ，チームを構成するメンバーは同等の職位で，それぞれ異なる職能分野から特定のタスクを遂行するために集まっている。ある目的を達成するために，メンバーがそれぞれの職能分野をまたいで仕事を行うので「機能横断型」と呼ばれている。このチームでは，組織の縦横の部署や専門家と情報交換を行い，新しいアイディアの開発や問題解決など複雑なプロジェクトを調整することのできる効果的なチームである。

　しかし，機能横断型チームをマネジメントするのは容易なことではない。チームのメンバーは異なる職能分野から集められているので，その背景や経験，考え方などが異なっている。機能横断型チームのマネジャーは，メンバーからの信頼を得てチームワークの確立など課題達成に向けてチームが機能するよう努めなければならない。さらには，異なる職能分野からメンバーが集められているので，メンバー間の意見を調整するためにもマーケティングや技術などさまざまな専門知識をもっている必要がある。

　また，機能横断型チームを構成するメンバーは，他の業務と兼務していることがほとんどであるため，メンバーの中でチームの優先順位を高めておかなければモチベーションは低下することになる。解決すべき問題が何であるのか，メンバーに選ばれた理由は何であるのかなどを明確にし，問題解決に向けて強い使命感をもたせ，メンバーのモチベーションを高く維持する必要がある。

3.　バーチャル・チーム

　バーチャル・チームとは，情報技術によって集められた多様なメンバーから構成されるチームである。多様なメンバーから構成されるという点では，機能横断

型チームと同様であるが，地理的，時間的，組織的など機能横断型チームが受け
ていた制約を情報技術（電子メールやテレビ会議など）の利用により克服している
点に特徴がある。

　機能横断型チームは，組織の中に問題解決に向けて適当な人材がいなかった場
合チームを編成することができないという問題があるが，バーチャル・チームの
場合，情報技術の利用により，遠く離れた地域にいるメンバーもチームの一員と
して扱うことができる。また，メンバーが一堂に会してプロジェクトを進めるこ
とができない場合などは，バーチャル・チームは特に有用であると考えられる。

　このようなバーチャル・チームは，機能横断型チームと同様に，組織の縦横の
部署や専門家と情報交換を行い，新しいアイディアの開発や問題解決など複雑な
プロジェクトを調整することのできる効果的なチームとされている。また，バー
チャル・チームは，その特性から前述した集団浅慮や集団圧力など人間関係の問
題を解決するとされている。しかし，その一方で，遠隔地のメンバーもチームの
一員となるため，リアル・チームよりもメンバー間の信頼関係構築やチームワー
クの確立が困難であるという問題も抱えている。

　ここまで述べてきた通り，組織が高い業績をあげるためにはチームを活用する
ことが効果的であり，その際には目的に合わせたチームを編成することが必要で
ある。むろん，チームを編成するだけで業績が良くなるわけではない。チームを
構成するのは一人一人の人間であり，チームが効果的に運用され，組織が高い業
績を出すためには，マネジャーやチームメンバーのスキル・アップが必要になる。

　マネジャーについては，メンバーがもつアイディアを引き出す，メンバーのモ
チベーションを高いレベルで維持する，メンバー間のコミュニケーションが円滑
に進むよう調整するなど，総合的なマネジメント能力が必要になる。また，チー
ムメンバーに関しては，特定分野の高度な知識を保有する専門スキル，問題を発
見して解決案を示す問題解決スキル，チームメンバーの発言を促し他のメンバー
の意見を聞き入れるコミュニケーション・スキルなどさまざまなスキルを向上さ
せることが必要になる。

Key Word ①：集団凝集性 (group cohesiveness)

集団凝集性とは，メンバー同士の関係密度が濃くなった結果，団結力が高くなる現象のことである。

Key Word ②：集団浅慮 (group think)

集団浅慮とは，チームが抱えている問題の適切な解決よりも，メンバーの意見を合わせることを求めてしまう思考様式である。

Key Word ③：集団圧力 (group pressure)

集団圧力とは，集団の中の意見に従わない者や，新しく入ってきたメンバーに対して圧力をかけることである。

ブックガイド（発展的学習のために）

第6章で学んだ組織の中のグループについて，より理解を深めたい方にお薦めする文献は以下の通りである。

稲葉元吉（1979）『経営行動論』丸善

富岡昭（1993）『組織と人間の行動』白桃書房

Robins,S.P.(1997),Essentials of Organizational Behavior 5th ed,Prentice hall（髙木晴夫監訳（1997）『組織行動のマネジメント：入門から実践へ』ダイヤモンド社）

金井壽宏（1999）『経営組織』日経文庫

開本浩矢（2006）『研究開発の組織行動：研究開発者の業績をいかに向上させるか』中央経済社

参考文献

Hersey, P.&Blanchard, K.H.(1969), *Management of Organization Behavior*, Prentice-Hal（山本成二・水野基・成田攻訳（1979）『行動科学の展開－人的資源の活用－』日本生産性本部）

稲葉元吉（1979）『経営行動論』丸善

開本浩矢（2006）『研究開発の組織行動：研究開発者の業績をいかに向上させるか』中央経済社

金井壽宏（1999）『経営組織』日経文庫

慶應戦略経営研究グループ（2002）『組織力の経営－日本のマネジメントは有効か－』中央経済社

Kotter, J. P & J. L. Heskett(1992), *Corporate Culture and Performance*, The Free Press（梅津裕良訳（1994）『企業文化が高業績を生む－競争を勝ち抜く「先見のリーダーシップ」－』ダイヤモンド社）

Manz,C.C&H.P.Sims Jr.(1993), *Business Without Bosses:How Self-Managing Teams are Building High-Performing Companies,*New York:John Wiely&Sons（寺島基博監訳, 渋沢華子他訳（1997）『自律チーム型組織：高業績を実現するエンパワーメント』生産性出版）

Robins,S.P.(1997), *Essentials of Organizational Behavior 5th ed,*Prentice hall（髙木晴夫監訳（1997）『組織行動のマネジメント：入門から実践へ』ダイヤモンド社）

Sange,P.M.(1990),*The Fifh Discipline: The Art and Practice of the Learning Organization,* Doubleday（守部信之訳（1995）『最強組織の法則－新時代のチームワークとは何か－』徳間書店）

富岡昭（1993）『組織と人間の行動』白桃書房

上田泰（1997）『個人と集団の意思決定：人間の情報処理と判断ヒューリスティックス』文眞堂

第3部　環境に囲まれた「組織」

―マクロ組織論―

第 7 章

環境と組織

†

●**予習課題①**

　環境（経営環境）とは，「組織の経営活動に影響を与える外的な要因」であると考えられる。この「環境」には，具体的にどのようなものが考えられるだろうか。環境要因をいくつかのタイプに分類してみよう。

●**予習課題②**

　組織は，経営環境からの影響を受けて組織構造（第 8 章参照）を変化させることがある。環境変化に合わせて組織構造を変化させた具体的な事例を探してみよう。

7.1　組織を取り巻く環境

1.　環境とは

　第 1 章で説明したように，組織はオープン・システムであると現在の組織論では考えられている。すなわち組織は，経営環境からの影響を受け，また逆にこの環境へ影響を与える存在といえる。そして，その環境とは「組織の経営活動による成果に影響を与える外的な要因（力，状況，出来事）」（ロビンズ, 2014, p. 40）ということができる。

　それでは，環境と呼べる外的な要因にはどのようなものがあるのだろうか。ロ

ビンズ（2014）によると，代表的な環境要因として図表 7-1 の要素をあげている。

図表 7-1　様々な環境要因

経済的要素	利率，インフレ，可処分所得の変化，株式市場の変動，景気循環など
人口構成要素	年齢，人種，性別，教育水準，居住地，所得，家族構成など
テクノロジー要素	科学や産業の技術革新に関すること
社会文化的要素	価値，姿勢，トレンド，習慣，ライフスタイル，信条，趣向，行動パターンなど
政治的・法的要素	国の法律，他国の法や国際法，国の政治的状況や安定性に関することなど
グローバル要素	グローバル化や世界経済に関する問題

出所：S. P. ロビンス著（髙木晴夫監訳）（2014）『マネジメント入門　グローバル経営のための理論と実践』ダイヤモンド社，pp.40-41 から筆者作成。

　同様に，環境要因を分析する視点として，PEST 分析と呼ばれるものがある。この PEST 分析とは，①P：Politics（政治・法），②E：Economy（経済），③S：Society（社会・文化），④T：Technology（技術）の 4 項目に環境を分類し，それぞれの項目を分析する手法である。この分析手法は，マーケティング研究の著名な P. コトラーによって示された。PEST 分析は，1）組織に影響を及ぼす環境要因は何か，2）最も影響力が大きい環境要因はなにか，3）将来はどうなるか，を検討することから始められる。そして，これにより，自社のブランディングやマーケティング，および経営戦略の策定に影響を及ぼす環境を見抜くことが可能になる。

図表 7-2　PEST 分析

①Politics（政治・法） 独占禁止法，環境保護法，税制，輸出入規制，政府の安定性	②Economy（経済） 景気循環，経済成長率，金利，通貨供給量，インフレーション，失業，可処分所得，エネルギー利用コスト
③Society（社会・文化） 人口動態，所得配分，社会移動，ライフスタイル，労働と余暇に対する態度，コンシューマリズム，教育水準	④Technology（技術） 政府の研究開発費，政府と企業の技術発展への努力，新発明，技術移転の速度，陳腐化の程度

出所：奥村経世（2015）「システムとしての組織」馬場杉夫・蔡芢錫・福原康司・伊藤真一・奥村経世・矢澤清明『マネジメントの航海図』中央経済社，p.139。

2.　環境の不確実性

　組織を取り巻く環境は，安定していることはなく，常に変化している。また組織は，環境との相互作用によってその目的を達成しているからこそ，存在することができるといえる（オープン・システムとしての組織）。結果，組織は，環境の動向に注目して行動を変えていくことを考えていかなければならない。そして，それを実現するために組織構造やマネジメントの方法も変えていかなければならないといえる。

　しかしながら，組織が環境の変化を予測できるとは限らない。つまり，環境の不確実性が考えられる。環境の不確実性が高い場合というのは，この環境から与えられる情報量が，組織が持っている情報処理能力をよりもはるかに上回っている場合である。また環境の不確実性は，「組織の環境の変化と複雑さの度合い」（ロビンズ，2014, p.48）といわれている。そして，図表 7-3 のように，マトリクスで表すことができる。

　とりわけ企業は，現在の環境を分析し，将来を予測することで環境との適合をはかることが求められる。しかしながら，現在は経営環境の変化が速く，しかも複雑化している。つまり，複雑性が増しているということができる。この環境変化の激しさを表す言葉として，近年，「VUCA」という言葉が用いられることが多くなってきた。この VUCA とは，Volatility（変動性），Uncertainty（不確実性），

図表 7-3　環境の不確実性

		変化の度合い	
		安定的	動的
複雑さの度合い	単純	・安定的かつ予想可能な環境 ・環境の要素が少ない ・要素がある程度類似していて，基本的に同じ状態を維持 ・要素について高度な知識はあまり必要ない	・動的かつ予想不可能な環境 ・環境の要素が少ない ・要素はある程度類似しているが，常に変化している ・要素について高度な知識はあまり必要ない
	複雑	・安定的かつ予想可能な環境 ・環境の要素が多い ・要素が互いに異なっているが，基本的に同じ状態を維持 ・要素について高度な知識が非常に必要	・動的かつ予想不可能な環境 ・環境の要素が多い ・要素が互いに異なっており，常に変化している ・要素について高度な知識が非常に必要

出所：S. P. ロビンス著（髙木晴夫監訳）（2014）『マネジメント入門　グローバル経営のための理論と実践』ダイヤモンド社，p.37 を一部変更（原著，2013 年）。

Complexity（複雑性），Ambiguity（曖昧性）の用語のそれぞれの頭文字をとった略語である。もともと軍事用語として使われていたこの言葉が，ビジネスの分野でも用いられ，一般的に使用されるものとなってきている。VUCA の４つの視点から経営環境を分析し，この環境の変化を把握しようとすることも組織にとっては不可欠である。

7.2　コンティンジェンシー理論

　これまで述べてきたように，経営組織は，これを取り巻く経営環境に合わせて構造やマネジメント方法を変化させることが不可欠である。しかし第２章で取り上げられた古典的組織論の研究では，組織と環境との相互作用が考慮されていたわけではない。クローズド・システムとしての組織観で検討されてきたのが一般的だった。経営における環境と組織との関係性が強く意識された研究は，1960年代に入ってからのことである。

　経営環境と経営組織との関係性を検討した初期の研究は，主に環境の特性と組織の特性（マネジメント方法や組織構造）の関係が調査された。異なる環境の中で活躍している組織は，それぞれが考えるべき問題も異なる。そこで，環境要因を明確にすることで，経営環境が異なる場合の適切な組織構造や経営方法の選択的行動を取ることが成果につながると考えてきた。これらの研究群は，組織のコンティンジェンシー理論（状況適応理論，条件適応理論）と呼ばれている。

　コンティンジェンシー理論は，①組織と環境とが相互関係にあるオープン・システムの組織観であること，②環境よって最適な組織が異なること，そして③環境変化に合わせて組織を変えるという組織デザインの側面から検討していること，がその特徴としてあげられる（岸田 , 2000）。ここでは，このコンティンジェンシー理論の代表的な研究を取り上げ，わかりやすく説明していきたい。

1．バーンズとストーカーの研究
　まず，コンティンジェンシー理論の先駆的な研究としてあげられるのが，バー

ンズとストーカー（1961）の研究である。彼らは，イギリスのエレクトロニクス産業に属する 20 の企業を調査し，技術や市場といった環境変化の激しさと，有効な組織の管理システムの関係を明らかにした。この調査によると，比較的安定的な環境下では，機械的組織（機械的システム）が有効であることが示され，そして，比較的不安定な環境下では，有機的組織（有機的システム）が高い成果を達成する傾向にあると結論づけられた（図表 7-4 参照）。

　安定的な環境下で有効である機械的組織は，いわゆる官僚制組織の特徴を持った組織である。指揮命令系統および階層構造がはっきりと明確に定められている。トップマネジメントに意思決定の権限が集められるような組織の形態のことを指している。環境が安定しているときには，定められた規則や，責任と権限の範囲などを事前に決定しておいた方が，迅速に意思決定できる利点がある。そのために，安定的な環境下では機械的組織が有効であると考えられてきた。

　一方，不安定な環境下で有効な有機的組織とは，どのような組織であろうか。階層や規則に縛られず，組織のメンバーが自律的に結びついた組織であるといわれている。不安定な環境の変化に対しては，規則や階層に捉われない柔軟な対応が必要である。これは，有機的組織のほうが可能となるといえるであろう。

図表 7-4　機械的システムと有機的システム

機械的システム	有機的システム
・高次の水平分業 ・厳格な階層関係 ・職務の硬直化 ・高次の公式化 ・公式的コミュニケーション ・集権的意思決定	・低次の水平分業 ・弾力的な共同関係 ・職務の弾力化 ・低次の公式化 ・非公式なコミュニケーション ・分権的意思決定

出所：大月博司・藤田誠・奥村哲史（2001）『組織のイメージと理論』創成社，p.49（一部追加）。

2. ウッドワードの研究

　次にコンティンジェンシー理論の代表的研究として，ウッドワード（1965）の研究を取り上げることにしたい。彼女は，製造技術の違いに着目し，イギリスのサウスエセックス州にある企業100社を調査した。そして，技術が組織構造を規定することを明らかにした。彼女の研究によると，単品・小バッチ生産では「有機的なマネジメントスタイル」が，大バッチ・大量生産では，「機械的なマネジメントスタイル」が，装置生産では，「有機的なマネジメントスタイル」が有効であると結論づけられている。

　ちなみに，ここでいうバッチ生産とは，「1つの品種の，ある程度の量を，まとめて生産する方式」のことを意味している。そして，装置生産とは，「一種類または数種類の原材料が，工程の最初で投入され，そのあとは化学的，物理的の一連の処理が施されて完成品になる生産方式」のことをさしている。

3. ローレンスとローシュの研究

　さらにローレンスとローシュ（1967）の研究も，コンティンジェンシー理論を代表する研究といえる。彼らの研究は，分化と統合をキー概念にしている。環境が変化する早さの違いによって，組織の分化と統合に影響を与えるという仮説を立て，プラスチック，食品，容器製造の3つの産業を選択した。そしてこれら3

図表7-5　ウッドワードのコンティンジェンシー理論

構造の特徴	単品・小バッチ (注文服・電子光学製品など)	大量・大バッチ (自動車, 鋳鉄など)	装置 (石油, 化学, 製菓など)
第一線監督者の統制範囲（平均）	23	48	13
熟練労働者の割合	高い	低い	高い
組織体制	有機的	機械的	有機的
専門スタッフ	少ない（経験コツ）	多い	少ない（科学的知識）
生産統制	少ない	精密	少ない
コミュニケーション	口頭	文書	口頭

出所：岸田民樹（1985）『経営組織と環境適応』三嶺書房，p.64（一部追加）。

つの産業内における高業績企業と低業績企業との比較を行った。

　つまり，環境・技術・市場条件の異なるプラスチック産業（環境変化が最も激しい），食品産業（環境変化が中くらい），容器産業（環境が比較的安定している）という3つの産業を対象にして，「分化」と「統合」の概念を用いて，分化と統合の程度と組織の業績，および環境不確実性について研究し，その結果，「組織内部の状態やプロセスが外部の要求条件に適合していれば，その組織は環境に効果的に適応できるであろう」（Lawrence, P. R. and J. W. Lorsch, 1967, 訳書 p.186）という結論を導いている。

4.　マイルズとスノーの研究

　コンティンジェンシー理論で最後に取り上げる研究は，マイルズとスノーの研究である。この研究は，これまでの理論とは異なる視点からアプローチしている。彼らは，これまでのコンティンジェンシー理論は，受動的で環境決定論的であると考えた。組織は環境に対して積極的に働きかけるパワーを有しており，環境への適合のあり方を選択する幅が，組織自身にあるとした。彼らの研究は，既存研究と区別して，ネオコンティンジェンシー理論と呼ばれている。

　マイルズとスノーによると，組織が環境に適合するためのパターンは，必ずしも合理的であるとは限らないという。むしろ，組織側（経営者）の行う意思決定に一貫性がみられると主張している。組織の継続的な環境適応行動を「起業家的問題（entrepreneurial problem）」「管理的問題（administrative problem）」「技術的問題（engineering problem）」という3つ問題に分割し，それら問題の調整によって効果的な環境適応サイクルモデルが完成されるとしている。組織が適応行動においてとりうる体制を戦略タイプと呼び，それを防衛型（Defender），探索型（Prospector），分析型（Analyzer），受身型（Reactor）という4つのタイプに分類した。これらの特徴は，図表7-6に示したように，それぞれのタイプは一貫した反応パターンがあると彼らは主張している。

　マイルズとスノーの主張の特徴は，組織構造は環境によって決められるという受動的な立場にあるのではなく，環境に積極的に影響をおよぼすパワーを有し，

環境を自ら創造すると考えることである。すなわち，経営者の戦略的決定によって環境創造が可能であるとしている。

図表 7-6 組織適応タイプの特徴

タイプ	組織の特徴	主な戦略	主な関心事
防衛型	狭い製品・市場を持つ組織	限られた事業分野において高い専門性を有し，新しい機会を求めて領域外を探索しようとしないため，技術・組織構造・業務の方法を変える必要があまりない。	既存業務の効率の向上
探索型	絶えず市場の機会を探索してやまない組織	変化と不確実性を作りだし，新しい環境にいつでも対応できる体制を整えている。	製品と市場の革新
分析型	比較的安定した事業領域と変動的な事業領域という2つのタイプの製品・市場領域において同時に事業を営んでいる組織	安定した領域では公式化した組織構造とプロセスのもとで効率的に業務を運営し，変動的な領域では競争者を観察し，アイデアを積極的に採用する。	既存領域での効率化と変動領域での柔軟な対応
受身型	環境変化に効果的な対応ができない組織	一貫性のある戦略・組織構造を欠き，外部環境からの圧力により強制的に対応する。	

出所：Miles, R. E. and C. C. Snow(1978), Organizational Strategy, Structure, and Process, McGraw-Hill（土田守章・内野崇・中野工訳（1983）『戦略型経営：戦略選択の実践シナリオ』ダイヤモンド社，38ページから作成）

7.3 制度的環境

コンティンジェンシー理論やネオコンティンジェンシー理論では，環境要因として主に注目していたのは，「市場」や「技術」といった把握しやすいものだった。しかしながら，組織の成果に影響およぼす外的要因はそれだけではない。例えば，法律，文化あるいは世論など，社会に根差す仕組みや制度についても，環境要因として考えられる。こうした組織を取り巻く経営環境要因は，制度的環境と呼ばれている。

ここで制度的環境をさらに詳しく定義してみよう。それは，「広い共同体にあ

る一般化された社会の規範や世論，あるいは法律やそれを作って運用する機関，業界団体，メディア，教育制度など，価値や意味を含んださまざまな制度」（鈴木，2018, p.185）であるということができる。そこには，組織の経営活動に影響を及ぼす法律や認証制度，資格などといった法制度，慣習や社会文化，社会の認識といった社会的（文化的）制度などが含まれている。

　法制度の例として，ISO（国際標準化機構）の 14001 は，地球や地域における環境リスクの低減と環境への貢献と経営の擁立を目指す環境マネジメントシステムに関する国際規格として広く世界で浸透している。そして，この認証を得るためには，認証機関から要求される基準をクリアすることが求められる。また，制度的環境には，社会的（文化的）制度の例としては，慣習や社会文化，社会の認識などを挙げることができる。具体例を挙げてみると，社会全体で重視されるようになってきた CSR (corporate social responsibility) が適当なものであるといえる。

　このような組織の現象について，とりわけ「制度」に着目した研究は「制度派組織論」と呼ばれている。例えば，Meyer & Rowan（1977）は，組織を取り巻く環境を技術的環境と制度的環境に大別なかでも制度的環境への対応を重要視している。彼らの研究では，組織の公式構造は，組織の持つ合理性によって意図的に形成されるものではなく，社会から正当性（legitimacy）を確保するために，法律や世論，当然視されているものなどといった「制度的ルール (institutional rule)」への適合を目指した結果として形成されるものであることを示している。そして，構造化を規定する制度的ルールを「神話 (myth)」と呼び，これが広く社会に浸透している信念であることを示している。例えば，官僚制を導入する理由として考えられる事柄は，官僚制が必ずしも機能的であるから選択されるのではなく，官僚制を導入することで組織が機能的になるということを社会一般に広く浸透している，つまり「神話」としてなっているから，官僚制が選択されるといくとしている。

Key Word ①：コンティンジェンシー理論
　異なる環境のなかで活躍している組織は，それぞれが考えるべき問題も異なるので，環

境要因を明確にし，環境が異なる場合の適切な組織構造や経営方法を取ることの必要性を明らかにした一連の研究群。

Key Word ②：制度的環境

　技術や市場といった環境要因ではなく，法律や文化，世論など，社会に根差す仕組みや制度といった環境要因のことであり，「法制度」と「社会（文化）的制度」が含まれる。

ブックガイド（発展的学習のために）

《外部環境について理解するために》

S. P. ロビンス著（髙木晴夫監訳）（2014）『マネジメント入門　グローバル経営のための理論と実践』ダイヤモンド社

《コンティンジェンシー理論》

岸田民樹（2006）『経営組織と環境適応（新装版)』白桃書房

《制度派組織論と個体群生態学の概要を知るために》

渡辺深（2007）『組織社会学』ミネルヴァ書房

参考文献

馬場杉夫・蔡芢錫・福原康司・伊藤真一・奥村経世・矢澤清明（2015）『マネジメントの航海図』中央経済社

Burns, T., & Stalker, G. M. (1961) *The Management of Innovation*, Tavistock.

DiMaggio, P. J., & Powell, W. W. (1983) "The Iron Cage Revisited: Institutional Isomorphism and Collective Rationality in Organizational Fields," *American Sociological Review*, Vol.48, pp.147-160.

岸田民樹（1985）『経営組織と環境適応』三嶺書房

岸田民樹（2000）「状況適合理論：回顧・現状・展望」『組織科学』第33巻第4号，9-18ページ

Lawrence, P. R. & Lorsch, J. W. (1967) *Organization and Environment*, Harvard Business Press.（吉田博訳（1977）『組織の条件適応理論』産業能率短期大学出版部）

Meyer, J. W., & Rowan, B. (1977) "Institutionalized Organizations: Formal Structure as Myth and Ceremony," *American Journal of Sociology*, Vol.83 No.2, pp.440-463.

Miles, R. E. and C. C. Snow(1978), *Organizational Strategy, Structure, and Process*, McGraw-Hill（土田守章・内野崇・中野工訳 (1983)『戦略型経営：戦略選択の実践シナリオ』ダイヤモンド社)

鈴木竜太（2018）『はじめての経営学　経営組織論』東洋経済新報社

Woodward, J. (1965), Industrial *Organization: Theory and Practice*, Oxford University Press.（矢島釣次・中村壽雄訳（1980）『新しい企業組織』日本評論社)

第8章

組織の設計

†

●**予習課題①**

　組織を作る際には，組織のメンバーにどのような役割を与え，どのような作業を行わせなければならないのであろうか。誰を，どの部門に，何のために，配置するかといったことを決めることで，企業は組織立って活動することが可能となる。ここでの目的は，組織におけるメンバーの役割と作業とはどのようなものか，理解する。

●**予習課題②**

　組織構造は，どのような職位，部門，権限，責任から形作られているのであろうか。企業，行政機関，学校，クラブ活動などで多くの種類があり，さらにその形態も規模の大小や仕事の内容で異なり，さらに時間とともに変化していくことも多くある。ここでの目的は，組織の一般的な構造を理解すると同時に，自分の身の回りの組織がどのような組織構造であるかを捉えられるようになることである。

8.1　組織の構成

組織は，その目的を達成するために，部門や階層といったものを形作る必要が

ある。部門や階層が出来上がることによって，指示命令系統がはっきりとするとともに，その役割や責任も明確化することが可能となる。

　組織の設計の基礎知識として，ここでは組織の部門や階層，ラインやスタッフについて，確認していく。これらは，次に説明する組織構造のベースとなるものである。

1．部門化

　組織は，その目的を達成するために，業務の執行をどのような集団や経営階層に分類するかを決める必要がある。この特定の業務で集団化させることが，部門化となる。部門化することで，共通化できる業務がまとめられ，効率的な組織運営が可能となる。

　顧客の開拓や売買契約といった交渉をする業務をまとめたものは営業部となり，新しい製品の検討や開発を行うような部署は製品開発部となる。こうした部署は，固定されたものではなく，業種や業態，企業によってその内容も名前も異なる。

2．階層化

　組織の管理階層は「トップマネジメント」「ミドルマネジメント」「ローマネジメント」の3つの層に分けられる。

　経営者などのトップマネジメントは，組織全体についての責任と権限を有しており，組織全体に関わる重要な戦略的意思決定を行う。このために必要な情報と権限はトップマネジメントに集めなければならず，一方で，下位のマネジャーであるミドルマネジメントに対して権限の委譲を行う必要がある。

　下位のマネジャーは，与えられた権限の範囲で判断を行い，職務を遂行することで，様々な業務の状況に対して素早く柔軟に対応することができるようになる。そのほか，上位職に対して報告と説明責任を負う。

　一番下に位置する，ローマネジメントは，日々の業務に最も身近に接しており，変化する現実に適切に対応することやその報告責任を負っている。ミドルマネジ

メントは，トップマネジメントとローマネジメントの整合性を保つこともその職務となる。

　一方，こうした多段階の階層に対し，ベンチャー企業など組織の人数が少ない企業を中心に，階層が少ない，または階層自体を失くしてしまうフラット型の組織も出てきており，例えば，ティールと呼ばれる組織構造にも注目が集まっている。

図表8-1　管理層

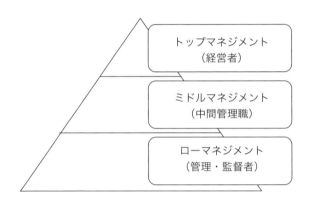

3.　ライン・スタッフ

　組織は，大きく「ライン」と「スタッフ」の2つの部門に分けることができる。「ライン」とは，組織の目的達成に直接関与する責任をもった職務のことで，医師や看護師といった人達である。しかし，病院は医師や看護師だけでは運営することができない。「スタッフ」とは，こうしたラインに助言や助力を通じて，サポートや管理する職務のことである。このラインとスタッフで構成された組織をラインアンドスタッフ組織と呼ぶことがある。

　ラインを「直接部門」，スタッフを「間接部門」と呼ぶこともあるが，この両方が一体となって機能してこそ，組織は高い業績を出すことができる。この区別は，業種や業態によって異なり，固定的なものではない。ラインとスタッフが対立することなく，協力して機能するよう，組織は構成を考え，配置しなければならない。

8.2　組織の構造

　ここでは，代表的な組織構造について取り上げていく。組織は，その目的に応じて，構造を変えていく。最もシンプルなものは，職能別組織であるが，企業が発展し巨大化していくことで，そうした単純な組織形態ではおさまらなくなり，より適切な規模の組織構造へと変えていくことになる。

　これら組織構造は，どれが一番良いといったものではない。組織構造は，その組織の状況に合わせて適切に変えていくことが重要であり，常に変化し続けているものなのである。

1.　分業と協業

　組織の構造を決める際に，誰が何の仕事をするのかを決めなければならない。1人の人間の行うことができる仕事の量はごく少なく，複雑で大規模な仕事を行うためには，多くの人間の力を必要とする。しかし，全員が同じ仕事をしていては，全体の仕事量が足し算的に増えるだけで，組織を形成する意味には欠けてしまう。各々の能力や資質・特性等を考慮して，配置する部門や専門の担当者を決め，役割分担を決めなければならない。

　こうした部門化や専門化のことを「分業」と呼ぶ。さらに，こうした分業を行っているメンバーが協力して1つの仕事を進めていくことを「協業」と呼ぶ。複数の生産者がそれぞれの役割の下，スケジュールに沿って分業を行うことで，作業の効率性が高まる。例えば，レストランで，スタッフがそれぞれ注文を取り，料理を作り，配送していては効率が悪くなる。コックとウェイターなどそれぞれの役割に専念することで効率的に料理の注文取り，作り，配送できるようになる。

2.　職能別（職能制）

　職能別組織は，最もシンプルな組織構造といえ，機能別組織とも呼ばれる。職能や機能，つまり経営活動内容に従って果たすべき仕事の内容ごとに専門化され

た部門を設け，組織全体で事業の完結を図ろうとするものである。

　中小規模の企業に多く見られる構造で，マーケティング部，財務部，人事部，開発部，営業部といった専門的に担当する部門が設けられ，それぞれ生産，マーケティング，財務，人事，経理といったように職能に応じた従業員が配置される。

　この職能別組織のメリットは，職能ごと（機能ごと）に構成されているため，それぞれの部門が専門化されていることである。専門化されることで，知識や経験の蓄積が比較的容易になり，専門化された人材の育成もしやすくなる。

　一方で，デメリットとして，過度の専門化によるセクショナリズムや部門間のコンフリクトが起きやすいといった問題も抱えている。

図表 8-2　職能別組織

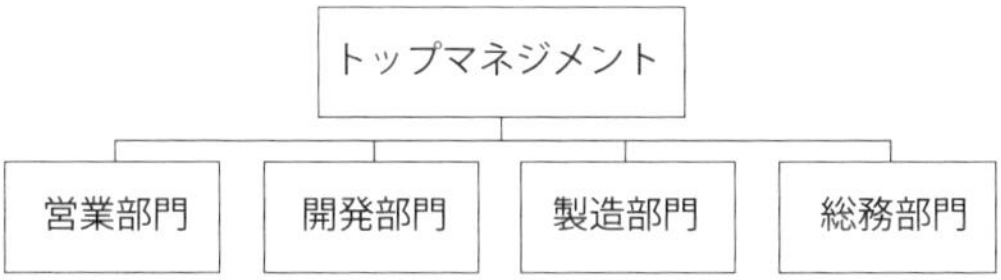

```
          ┌──────────────────────┐
          │  トップマネジメント  │
          └──────────────────────┘
     ┌───────────┬───────────┬───────────┐
┌─────────┐ ┌─────────┐ ┌─────────┐ ┌─────────┐
│ 営業部門 │ │ 開発部門 │ │ 製造部門 │ │ 総務部門 │
└─────────┘ └─────────┘ └─────────┘ └─────────┘
```

3.　事業部制

　複数の事業を営み，扱う商品・サービスが増えてくると，企業は事業部制組織を採用することが多くなる。

　事業部制組織は，最高意思決定者の下，事業分野別に分類され，それぞれの事業部内に研究開発や製造，販売といった個々の企業の機能がすべて含まれている。事業部は大幅に権限が委譲され，業務が自己完結しており，市場に対応できるよう機動性を発揮しやすくなっている。また，自らの事業利益を計算でき，業績評価が明確となっている。これにより，トップマネジメントが個々の事業部に関する業務的意思決定を行う必要がなくなり，全社的見地からの戦略的意思決定を行うことに集中することができる。

　事業部の独立性をより高めたものはカンパニー制とも呼ばれる。

図表 8-3　事業部制組織

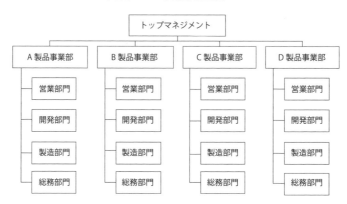

4.　プロジェクト型

　プロジェクト型組織は，新製品開発，新市場開拓などの日常業務とは異なる業務を担当するために編成されたグループで，プロジェクト・チームとも呼ばれる。

　職能別組織や事業部制組織では，部門が縦に割られているため，職能間・事業間の横のコミュニケーションがとりにくいといった問題を抱えている。プロジェクト型組織は，職能別組織や事業部制組織を維持しつつ，特定のまとまった業務をカバーすることが可能となる。戦略価値の高い業務について臨機応変にチームを作ることができ，さらにプロジェクトの進行に伴って，人員を必要な部署から集めることができる人員構成の柔軟性がある。プロジェクト型組織は，その目的を果たしたり，課題を解決した場合，解散することもある。

図表 8-4　プロジェクト型組織

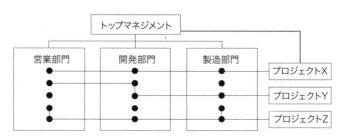

5.　マトリクス

　マトリクス組織は，プロジェクト型に似ているが，職能別組織と事業部制組織とを格子状に組み合わせたものである。職能別組織の効率性と，事業部制組織の市場対応性の両方のメリットを生かし，デメリットを補完しようとする組織形態である。

　マトリクス組織の特徴は，部門と事業部のそれぞれの上司から，指示・命令系統を備えたツー・ボス・システムとなる。効率と市場対応を同時に達成でき，経営資源の最適配分と有効活用，人材の流動性による組織メンバーのバランスの取れた能力開発が可能となる。

　一方で，二人の上司が存在することで，上司間における指示や意見が異なってしまうと，部下が行動できなくなってしまう問題が存在する。さらに，命令系統間の違いから，権力争いも生じやすく，コンフリクトや調整のために意思決定に時間がかかりやすくなる。部下にとっても責任や権限が曖昧になり，ストレスといった負担が増加しやすい問題がある。

図表 8-5　マトリクス組織

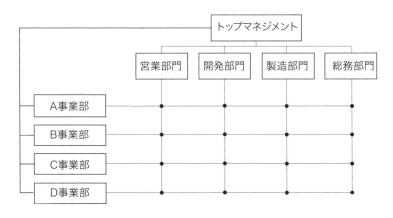

8.3　ネットワーク組織

　ここでは，組織内の関係性について取り上げる。ここまで説明してきた組織構

造は，階層的なものが多かったが，組織は必ずしも階層などの上下関係のみで構成されているわけではない。むしろ，水平的で，緩い関係で形作られる場合もある。こうした関係は，組織内に留まらず，組織の外，例えば企業間同士，国同士などで繋がることもある。特に最近では，IT 技術の発達により SNS などを通じ，個人のグループ同士が緩い関係で繋がる場合も存在する。

1. ネットワーク組織

　ネットワーク組織は，従来の階層型の上限関係が強い組織に対して，組織の構成要素が水平的に連結されたものを指す。

　企業内部のネットワーク組織は，インターネットなどの IT 技術を利用し，命令や報告といった社内コミュニケーションのほか，階層構造の簡素化，調達や製造，販売といった職能間を繋げるコミュニケーションが中心となる。こうした組織内が緩いコミュニケーションのネットワークで繋がれることで，企業は市場のニーズに迅速に対応できるようになる。

　企業間のネットワーク組織は，企業同士が緩やかな関係を構築することで，それぞれの企業が得意とする技術や知識を相互に活用する。従来のような親企業と系列の下請け企業による長期安定的な取引関係だけでなく，相互に自律的で対等な立場の協調関係を結ぶことで，国や業種，企業規模などを超えた関係を築くことができる。こうしたネットワークにより，様々な異質の情報同士が結び付き，1 つの組織ではできないことを補完しあったり，創造的な取り組みが期待できる。

2. 弱い紐帯

　現代社会は，インターネット技術が発達したことで，Twitter や Line，Instagram のような SNS（ソーシャルネットワークサービス）が普及し，より多くの人と継続してコミュニケーションを取ることが可能となってきている。こうしたコミュニケーションの繋がりについて，社会学の分野で提示された弱いつながりとして「弱い紐帯」がある。この「弱い紐帯」は，スタンフォード大学の社会学者マーク・グラノヴェッター (Mark Granovetter) が，1973 年に発表した論文「弱

い紐帯の強さ（the strength of weak ties）」の中で述べたものである。

「弱い紐帯」は，価値ある情報の伝達やイノベーションの伝播は，家族や親友，同じ職場の仲間のような強いネットワーク（強い紐帯）よりも，SNS に代表されるようなちょっとした知り合いや知人の知人のような弱いネットワーク（弱い紐帯）が重要であるという社会ネットワーク理論である。今まで繋がっていなかった人同士が繋がることが，その本質となる。

Key Word ①：ネットワーク組織

自律的で緩い繋がりであるネットワーク組織により，企業は従来の組織構造にとらわれない取り組みが可能となり，急激なビジネスの環境変化に対し，柔軟性と適応力を高めることができる。組織内部間，企業間のネットワークを持つことで，企業は自らの得意とする分野に集中することが可能となる。

一方で，こうしたネットワーク組織は，本質的には不安定で，緊張感に晒されており，一時的な組織となってしまう場合がある。また，企業間の繋がりが，返って重荷となり，せっかくのシナジーを失ってしまう可能性もある。

Key Word ②：ティール組織（フラット型組織）

よりフラットな組織としてティールと呼ばれる組織体制が出てきている。このティール組織は，フレデリック・ラルー（Frederic Laloux）が提唱したもので，社員を性善説的に取り扱うところに特徴がある。

個々の従業員に意思決定権を与え，役職を無くした組織であり，明確な指揮命令系統も存在しない。組織がどのような役割を果たすために存在しているのか，その存在目的を重視し，個人としての使命から組織の中の多くの人材と能動的に交流することを目指している。また，他の人に対してありのままの自分を見せても傷つかずに受け止められるような組織環境作りを行うことで，すべてをさらけ出して仕事ができるような個人の圧倒的なパワーが引き出すことを目指している。

一方で，組織の目的などをメンバー全員に深く浸透させ，そのうえで全員に意思決定権を与えられるような組織を作り上げることは容易ではなく，また全員が意思決定できることで「船頭多くして舟山に登る」ような物事がまとまらない状態になってしまう可能性があり，ティール組織のすべてを体現したような組織は，ほとんど存在しないともいわれている。

ブックガイド（発展的学習のために）

《組織の構造》

山根節（2003）『戦略と組織を考える—MBA のための７ケース』中央経済社

佐藤剛監修（2007）『グロービス MBA 組織と人材マネジメント』ダイヤモンド社

《ネットワーク組織》

Robert Kegan, Lisa Laskow Lahey(2016), *An Everyone Culture: Becoming a Deliberately Developmental Organization*, Harvard Business Review Pres（中土井僚監訳・池村千秋訳（2017）『なぜ弱さを見せあえる組織が強いのか—すべての人が自己変革に取り組む「発達指向型組織」をつくる—』英治出版）

Brian J. Robertson(2015), *Holacracy: The New Management System for a Rapidly Changing World,* Henry Holt & Co. 瀧下哉代訳（2016）『HOLACRACY（ホラクラシー）—役職をなくし生産性を上げるまったく新しい組織マネジメント』PHP 研究所）

参考文献

Frederic Laloux(2014), Reinventing Organizations: A Guide to Creating Organizations Inspired by the Next Stage of Human Consciousness, Nelson Parker（鈴木立哉訳(2018)『ティール組織—マネジメントの常識を覆す次世代型組織の出現』英治出版）

金井壽宏（1999）『経営組織』日経文庫

鈴木秀一（2002）『入門経営組織』新世社

高尾義明（2019）『はじめての経営組織論』有斐閣

沼上幹（2003）『組織戦略の考え方—企業経営の健全性のために』筑摩書房

沼上幹（2004）『組織デザイン』日経文庫

野中郁次郎（1980）『経営管理』日経文庫

吉原史郎（2018）『実務でつかむ！ティール組織 "—成果も人も大切にする " 次世代型組織へのアプローチ』大和出版

第9章

組織の変革と組織学習

†

●**予習課題①**

　組織変革とは，組織が長期にわたって発展するために，経営環境との適合を考え，経営環境の変化に合わせて組織の在り方を変革する一連のプロセスのことである。ここでの目的は，組織変革のタイプを概観すると共に，組織変革に伴う組織構成員の意識改革の重要性を理解することである。

●**予習課題②**

　組織学習とは，組織を構成する個々人の学習の相互作用を通じて，組織における既存の行動様式が改善されていくプロセスのことである。ここでの目的は，組織学習の理論（シングルループ学習・ダブルループ学習）を概観すると共に，組織学習を促す要因を理解することである。

9.1　組織変革のタイプ

　ナドラーとショーとウォルトン (D.A.Nadler, R.B.Shaw and A.E.Walton) は，組織変革のタイプを，環境変化の連続性の度合いと環境変化に対応するタイミングによって分類している。前者の変革のタイプは，組織を取り巻く環境が安定的に変化するか否かによって漸進的変革と不連続変革と呼ばれ，後者の変革のタイプ

は，目前の環境変化に対処するか将来の環境変化に対処するかによって即応型変革と予測型変革と呼ばれている。以下では，これら4つの組織変革の内容を説明してみたい。

1. 漸進的変革と不連続的変革

漸進的変革は，環境変化が安定的に推移している状況や技術革新がゆるやかに進行している時期に現れることが多く，既存の組織構造や慣行などを維持したまま，比較的小さな規模の中で組織の機能の改善を積み重ねていくものである。不連続的変革は，業界全体の環境が大きく変化する時期に現れることが多く，既存の組織構造や慣行などを完全に切り離して，組織全体を再構築するものである。

2. 即応型変革と予測型変革

即応型変革とは，組織を取り巻く環境が漸進的か不連続的かに関わらず，目前の環境変化に対応する必要性によって引き起こされる組織変革のことである。予測型変革とは，現状では特に環境変化が起こっていないが，将来の環境変化を予測して問題が発生する前に先んじて行う組織変革のことである。

ナドラーとショーとウォルトンは，環境変化の連続性の度合いと環境変化に対応するタイミングといった2つの次元の組み合わせから組織変革のタイプを，調

図表 9-1　組織変革のタイプ

	漸進的	不連続的
予測型	調整	再方向付け
即応型	適応	再建

出所：Nadler, D. A., R. B. Shaw & A. E. Walton(1995), *Discontinuous Change : Leading Organizational Transformation*, Jossey-Bass Inc. Publishers, （斎藤彰悟監訳，平野和子訳（1997）『不連続の組織変革－ゼロベースからの競争優位を創造するノウハウ』ダイヤモンド社）より作成。

整，適応，再方向づけ，再建といった4つに分類している（図表9-1）。

　調整とは，組織に特に問題がなく，経営が順調であるなど変革を行う緊急の要件がない時に行われるものである。このような場合，組織は環境変化の予測を通じて，戦略の達成などを効率的に行うより良い方法を追い求めることになる。

　適応とは，環境変化の対応に迫られて漸進的な組織変革を行うものである。適応的な組織変革は，大規模な変革を伴う可能性もあるが，その性質上，組織の特性や戦略，アイデンティティを抜本的に修正させるものではない。

　再方向づけとは，まだ変革の必要性に迫られていない中で，環境の変化が迫っていることが認識されるか，それを行うことで自らの組織を業界の中で有利な立場に置くことが出来ると認識される時に行われるものである。再方向づけは，組織のもつアイデンティティやビジョン，戦略，価値観などを変更するなど困難なものであるが，予測的に対応するために，時間的な余裕があり比較的ゆるやかに進められる。

　再建とは，環境変化によって，組織が危機的な状況に直面した場合に行われる組織変革のことである。再建の場合，組織のもつアイデンティティやビジョン，戦略，価値観などを迅速かつ抜本的に改革する必要がある。

9.2　組織構成員の意識改革

　ここまでみてきた通り，組織変革は，環境変化や変革を行うタイミングによって様々なタイプが存在する。その中でも不連続的変革（再方向づけ・再建）を行うことは容易ではない。不連続的変革とは，従来とは異なる行動パターンを得ようとする挑戦であり，組織を構成するメンバーは，変化に対して不安感を抱くことになる。組織を変革しようとしても，実際に活動するメンバーが従来の考え方や行動に固執したままでは，組織変革を成功させることは不可能と言える。ここでは，組織変革に伴い，組織構成員の意識や行動を変革する効果的なマネジメント方法をいくつか説明してみたい。

　不連続的変革を成功させる上で重要となるのは，組織のトップがいかに組織構

成員を動機づける（変革への動機づけ）かである。動機づけのための第一の行動は，組織構成員に対して変革の情報を提供することである。現在の環境に変革を必要とする状況が起こっていることを組織構成員に示し，変革をしなかった場合にどのような事態になるかなどの具体的な情報を提供し，組織構成員に危機感を持たせることが重要である。

　動機づけのための第二の行動は，組織構成員に当事者意識を持たせることである。組織構成員を組織変革の立案や実施に参加せることは，特に有益であると考えられる。変革に参加した組織構成員は，自分達のために変革が必要であると考えるようになり，組織変革に向けて建設的な行動を取るようになるだろう。

　動機づけのための第三の行動は，変革のための行動と報奨との関係を明確にすることである。変革期において組織が期待する行動と相反する行動を組織構成員がしないようにするために，公式，非公式の報奨制度を明確にし，組織構成員が組織にとって必要とされる行動をするように仕向けなければならない。報奨制度と行動との関係が明確になれば，組織構成員は報奨を受けられるような行動をするようになるだろう。

9.3　学習する組織

　ここまでみてきた通り，組織が長期的にわたって発展するためには，組織を変革することが重要である。そして，組織変革を推進するのが組織学習である。具体的には，組織学習が組織変革を引き起こすきっかけになり，組織が変革することで次の学習を生み出すといった相互作用の関係である。

　組織学習とは，組織を構成するメンバーが日々働きながら学習した内容から，相互作用を通じて，新たな知識創造の習得，移転を行い，それを反映する形で組織の行動様式が改善・改革されるプロセスのことである。以下では，アージリス(C.Argyris)の理論を用いて組織の中で行われる個人レベルの学習をシングルループ学習とダブルループ学習に分けて説明してみたい。

1.　シングルループ学習（適応的学習）

　組織には，通常，様々なルールやプログラム，価値前提が存在する。組織を構成するメンバーは，働きながら，こうした既に存在している組織の様々なルールやプログラム，価値前提を学習していく。そして，このような既存のルールやプログラム，価値前提に従って，その範囲内で組織に内在する問題や矛盾を修正していく。これがシングルループ学習である（図表9-2）。

図表9-2　シングルループ学習

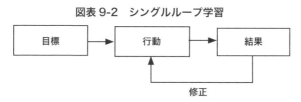

　出所：Argyris, C.(1993), *Knowledge for Action: A Guide to Overcoming Barrier Organizational Change*, Jossey-Bass.

2.　ダブルループ学習（創造的学習）

　組織を取り巻く環境の変化が激しい場合，組織内に存在するルールやプログラム，価値前提が機能しないことがある。そのような場合，組織は既存のルールやプログラム，価値前提を学習すると共に，それら既存の内容を疑い，新たなルールやプログラム，価値前提を作り上げていく。これがダブルループ学習である（図表9-3）。

図表9-3　ダブルループ学習

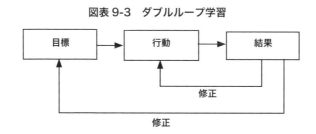

出　所：Argyris, C.(1993), *Knowledge for Action: A Guide to Overcoming Barrier Organizational Change*, Jossey-Bass.

シングルループ学習とダブルループ学習は，いずれも当初の期待と行動の結果との間に不適合が生じた場合に行われるものである。しかし，シングルループ学習が，既存の目標の範囲内で行動の修正を行うのに対して，ダブルループ学習は，行動の修正だけでは解決出来ない場合，当初の目標それ自体にまで疑問を投げかけ，新しいルールやプログラム，価値前提を作り上げていく。この点において，2つの学習はその内容が異なっている。環境変化が漸進的な時には，効率性を追求するシングルループ学習は効果的と言えるが，環境変化が不連続的な時には，ダブルループ学習が効果的と言える。

9.4　組織学習を促すために

前述した通り，組織学習とは，組織を構成するメンバーの個人学習から，その相互作用を通じて行われるものである。これは，シングルループ学習，ダブルループ学習いずれにおいても言えることである。そして，その基盤となるのは，組織を構成するメンバー個人の学習である。つまり，効果的な組織学習を行うためには，いかに個人を動機づけるかが重要になる。特に今日の日本において必要とされる個人の創造的学習を促すには，個人が創造性を発揮するよう動機づける必要がある。アマビール (T.M.Amabile) は，個人が創造性を発揮するためには，創造的思考スキル，専門性・専門能力，内発的モチベーションといった3つの要素が不可欠であり，その中でも内発的モチベーションが重要であると指摘している。ここでは，内発的モチベーションに焦点を当て，個人の創造的学習をいかに促すかについて説明してみたい。

内発的モチベーションとは，人間の心の内からの欲求によって起こる動機づけのことであり，心の欲求が高まることで，個人は内発的に動機づけられるとされている。こうした心の欲求は，学術的に心理的エンパワーメントと呼ばれている。心理的エンパワーメントは，有意味感，自己決定感，コンピタンス，進歩感から構成されており，その具体的内容は以下の通りである。

1.　有意味感

　有意味感とは，個人の理想や基準という観点から判断されたタスクの目標や目的の価値のことである。個人の理想や基準と仕事の役割要求が乖離すれば有意味感の程度は低くなる。逆に個人の理想や基準と仕事の役割要求が一致すれば，有意味感の程度は高くなる。

2.　自己決定感

　自己決定感とは，個人の行動に対する責任を意味するものであり，自らの行為を始め，またコントロールする選択権をその人がもっているという感覚のことである。内発的モチベーションの代表的研究者のデシ (E.L.Deci) は，内発的動機づけにおいて自己決定感が特に重要であると指摘している。

3.　コンピタンス

　コンピタンスとは，個人が環境と効果的に相互作用する有機体の能力のことである。つまり，コンピタンスとは，自らの行動が環境にどの程度働きかけることが出来るか，その確信の度合いのことである。

4.　進歩感

　進歩感とは，個人が立てた目標達成に向けて，どの程度進歩しているかを知り，自分が前に進んでいるという感覚をもつことである。個人は，最初に立てた目標を達成していると感じる時，進歩感が高まることになる。

　個人の創造的学習を促すためには，内発的モチベーションの源泉である心理的エンパワーメントの各次元を高めることが必要と言える。具体的には，①部下が目標にコミット出来るように，企業が掲げる理念やビジョン・経営方針等を伝達する（有意味感を高める行動），②部下が目標達成に向けて自らの行動を選択できるように権限委譲を行う（自己決定感を高める行動），③部下が成功体験を積めるように知識やスキルなどを提供する（コンピタンスを高める行動），④部下がどの

程度目標達成したかを確認出来るようにフィードバックを行う（進歩感を高める行動）といったものが挙げられる。

9.5　個人学習から組織学習へ

　個人レベルの学習がいかに活発になったとしても，それがすぐに組織としての成果に結びつくわけではない。つまり，個人学習の単純な足し算が組織学習になるというわけではないのである。個人がバラバラに学習を行うのではなく，何らかの形で個人学習を組織学習へとつなげなければならない。本章の最後に，個人学習から組織学習への橋渡しが行われるために，どのような要因が必要になるか述べてみたい。

　十川によると，個人学習から組織学習への橋渡しが行われるためには，コミュニケーションや統合といった条件が満たされる必要がある。まず，組織を構成するメンバー間で現実認識や組織がとるべき行動に対する同意といった相互理解のためのコミュニケーションが必要である。組織内にコミュニケーションが存在することによって，集団的な見方が開発される。さらに，個人の学習行動が組織目的実現のための行動となるためには，行動に関して一定の方向性をもたせ，個人の行動を組織全体に統合させることが必要である。そのためには，トップによるビジョンの表明，ミドルを中心としたメンバー間のビジョン共有，その実現に向けたミッションの確認，行動と報奨との関係を明確にした人事評価システムの確立などの諸要因が必要になる。個人の行動を組織全体に統合することで，個人の学習によって得られた様々な知識が組織にとって有用なものになる。

Key Word ①：組織変革
　組織が長期にわたって発展するために，経営環境との適合を考え，経営環境の変化に合わせて組織の在り方を変革する一連のプロセスのことである。
Key Word ②：組織学習
　組織を構成する個々人の学習の相互作用を通じて，組織における既存の行動様式が改善されていくプロセスのことである。

Key Word ③：心理的エンパワーメント

　一般的にエンパワーメントは権限委譲と解釈されるが，特定の心理状態を指してエンパワーメントという場合もある。有意味感や自己決定感，コンピタンス，進歩感が高まることで心理的にエンパワーされた状態になる。

ブックガイド（発展的学習のために）

　第 9 章で学んだ組織変革と組織学習について，より理解を深めたい方にお薦めする文献は以下の通りである。

《組織変革》

Nadler, D.A., R.B.Shaw & A.E.Walton(1995), *Discontinuous Change : Leading Organizational Transformation*, Jossey-Bass Inc. Publishers（斎藤彰悟監訳，平野和子訳（1997）『不連続の組織変革－ゼロベースからの競争優位を創造するノウハウ－』ダイヤモンド社）

Kotter, J.P.(1996), *Leading Change*, Harvard Business School Press（梅津裕良訳（2002）『企業変革力』日経 BP 社）

《組織学習》

Argyris,C.(1993), *Knowledge for Action: A Guide to Overcoming Barrier Organizational Change*, Jossey-Bass

野中郁次郎・竹内弘高（1996）『知識創造産業』東洋経済新報社

慶應戦略経営研究グループ（2002）『組織力の経営－日本のマネジメントは有効か－』中央経済社

十川廣國（2002）『新戦略経営－変わるミドルの役割－』文眞堂

十川廣國（2009）『マネジメント・イノベーション』中央経済社

参考文献

Amabile, T.M.(1997), "Motivating Creativity in Organizations: On Doing What You Love and Loving What You Do", *California Management Review*, Vol.40, pp.39-58.

青木幹喜（2006）『エンパワーメント経営』中央経済社

Argyris,C.(1993), *Knowledge for Action: A Guide to Overcoming Barrier Organizational Change*, Jossey-Bass

Deci, E.L.(1975), *Intrinsic Motivation*, Plenum Press（安藤延男・石田梅男訳（1980）『内発的動機づけ：実験社会心理学的アプローチ』誠信書房）

慶應戦略経営研究グループ（2002）『組織力の経営－日本のマネジメントは有効か－』中央経済社

Kotter, J.P & J.L. Heskett(1992), *Corporate Culture and Performance*, The Free Press(梅津裕良訳（1994）『企業文化が高業績を生む－競争を勝ち抜く「先見のリーダーシップ」－』ダイヤモンド社)

Kotter, J.P.(1996), *Leading Change*, Harvard Business School Press（梅津裕良訳（2002）『企業変革力』日経 BP 社)

Nadler, D.A., R.B.Shaw & A.E.Walton(1995), *Discontinuous Change: Leading Organizational Transformation*, Jossey-Bass Inc. Publishers（斎藤彰悟監訳，平野和子訳（1997）『不連続の組織変革－ゼロベースからの競争優位を創造するノウハウー』ダイヤモンド社)

野中郁次郎・竹内弘高（1996）『知識創造産業』東洋経済新報社

大月博司（1999）『組織変革とパラドクス』同文舘出版

Sange, P.M.(1990), *The Fifh Discipline: The Art and Practice of the Learning Organization*, Doubleday（守部信之訳（1995）『最強組織の法則－新時代のチームワークとは何かー』徳間書店)

十川廣國（2002）『新戦略経営－変わるミドルの役割－』文眞堂

十川廣國（2009）『マネジメント・イノベーション』中央経済社

Spreitzer, G.M., "Individual Empowerment in the Workplace:Dimensions, Measurement,and Validation", *Academy of Management Journal*, vol.38, 1995, pp.h1442-1465

第 10 章

組織間関係

†

●**予習課題①**

　組織と組織との「つながり」を表す用語には，どのようなものがあるだろうか。考えられる限りの用語をピックアップしてみよう。そして，それらがどのような差異があるのか，調べてみよう。

●**予習課題②**

　自分の組織と，他の組織との関係を結ぶにあたって，注意しなければならない点はどういうところだろうか。皆さんの身近な組織を思い浮かべ，その組織と他の組織との間で，どのようなマネジメントが行われているのか，考えてみよう。

10.1　組織間関係とは

　これまでの章で見てきたように，組織とは，個人の持てる資源や知識の限界を超えてより良い成果を得るために作られる協働システムである。しかし，その組織にも，限界や制約がある。

　例えば，急速な環境変化に，巨大企業であったとしても十分な対応ができるかというとそうではない。第 2 章 (p. 13) で組織を作る理由とあげたことと同

じように，一つの組織が持てる資源や情報，能力に限界があり，他の組織や個人と関係を持ちながら活動することが求められる。一般的に，ある組織と他組織の関係性に注目するマクロ組織論の分野は，組織間関係論（interorganizational relations）と呼ばれる。

実は，複数組織で「一つの成果」を実現している事例は，たくさん存在している。例えば自動車メーカーをイメージしてほしい。約2万点もの部品を1社で製造しているのではなく，その多くは部品メーカーに依存しており，1車種の開発や生産には，150〜400社もの企業が関わりを持っていると言われている（具，2009）。また，最近では行政組織（市町地方自治体）も単独で地域課題の解決を行うのではなく，行政と市民・NPOが一緒に活動することが多くなってきた。こられは，市民協働やパートナーシップと呼ばれている。

そのほかにも，「組織間関係」をあらわす用語はたくさんある。アライアンス，M & A，ケイレツ，ジョイントベンチャー，地域連携，産官学連携，産業集積，など枚挙にいとまがない。それほど，今日の経営活動においては，組織間関係が重視されているのである。

本章では，まず組織間関係が形成する要因について言及し，その後組織間関係論の基本的な視点（パースペクティブ）である資源依存理論と取引コスト理論について説明する。さらに，新たな視点として発展している組織間コラボレーション論について言及したい。

10.2　組織間関係の形成要因と対象

1.　組織間関係が形成される要因

はじめに，なぜ組織と組織との関係が形成されるのかを見ていこう。ここではオリバー（1990）の議論にもとづいて整理してきたい。オリバーは，既存の組織間関係が形成される要因を探る研究を，「必要性」「非対称性」「互酬性」「効率性」「安定性」「正当性」の6つにグループに大別している。

1つ目は「必要性」であり，法律や政府，親会社といった上位権威者からの命

令や要請によって生じると考えられる。2つ目は「非対称性」であり，これは自組織が必要とする資源を有している他組織に対し，パワーを行使することによることから生じるとしている。3つ目は「互酬性」である。自組織の他組織との協力や協調，調整を重視し，不足している資源を補完することから組織間関係が発生する。4つ目は「効率性」であり，他組織から資源や知識を獲得した方が効率的である場合に生じるという。5つ目は「安定性」であり，環境の不確実性を削減するために組織間関係が形成されるとする。6番目は「正当性」であり，他組織と関係を結ぶことによって社会から正当性を獲得することが可能になるために生じるとしている。

　最初の「必要性」は，いわば強制された組織間関係の形成である。しかし，「非対称性」「互酬性」「効率性」「安定性」「正当性」という5つの生成要因は，自発的に他組織と関係を形成する視点である。これら，自発的な組織間関係の形成に共通するのが，①組織は単独で存在することには限界があり，②そのために，外部環境に所在する他組織との関係を形成することが求められれる，という認識である。

2.　組織間関係論の対象

　組織間関係論で取り上げられる組織は，営利企業同士と関係だけとは限らない。ボランティア組織や病院，行政や学校といった，非営利組織も組織間関係論の対象となる。例えば地域社会でいえば，企業とNPO，企業と行政，あるいは企業とNPOと行政など，異なる経済部門（セクターという）が協力し合って地域課題の解決にあたることもよく行われている。こうしたクロスセクター，あるいはマルチセクター関係も今日の組織間関係論では重要な研究対象となっている。

　また組織間関係の「関係性」についても，①A組織とB組織という2つの組織の関係（ダイアド関係）を見る「組織間ダイアド」，②調査対象とする焦点組織と直接関係している複数の組織との関係性に注目する「組織セット」，③特定の境界の中で相互の関係する複数組織間のすべての関係を分析する「組織間ネットワーク」のどれかを念頭において検討されている場合が多いという（佐々木，

2004)。そして，どこを分析の中心とするかは，分析者の目的しだいであるとしている。

10.3　組織間関係論の代表的理論

これまで見てきたように組織間関係論は，様々な対象に，様々な分析アプローチで研究されているが，ここでは，その代表的な理論を取り上げたい。

1.　資源依存理論

まず組織間関係論の代表的な理論と言えるのが，資源依存理論（resource dependence theory）である。組織間関係論が，「組織と組織との間にある経営資源の依存によって生じる直接・間接的な関係の特徴，そしてそのメカニズムの生成・維持・発展に重点をおいた分野」（山倉, 1993）と指摘されているように，資源の依存関係に注目して議論されることが多い。

資源依存理論では，自分たちの組織は保有していないが，存続・成長するために必要な資源を他の組織が持っている場合に組織間関係が形成されるとする。相手組織が持っている資源を獲得することができれば，自分たちの組織は存続・発展につながる。その場合，他組織と良好な関係が築けていれば，資源獲得の比較的容易になると考えられる。だから，組織間関係が形成されるのである。

資源依存理論の代表的な研究者であるフェファーとサランシック（J. Pfeffer & G. R. Salancik, 1978）は，組織の存続と外部の組織や環境との関係に注目する研究を行った。彼らによると，ある組織が存続・発展するためには，他の組織から様々な資源を獲得し他の組織に資源を供給しなくてはならないという。また安定して成長するためには，他の組織に対する依存関係を回避し，自律的に行動できる範囲を拡大しようとすると論じた。そのために，組織間のパワー関係の生成や多様な調整のメカニズムを説明している（Pfeffer & Salancik, 1978）。

まず，この資源依存関係は，①資源の重要性，②資源の自由裁量権，③資源コントロールの集中度という3点によって決まってくる（図表10-1）。その依存関

係に応じて相手組織がパワーを持つことになる。相手のパワーが強いと，自組織は自由に活動できる範囲が狭まり，不確実性が高まってしまう。すなわち資源の相互依存関係は，自組織にとって不確実性を増す要因になる。そこで，不確実性を回避するために，①自律的戦略，②協調的戦略，③政治戦略，の 3 つの戦略が採られる（Pfeffer & Salancik, 1978）。

図表 10-1　資源依存とパワーの関係

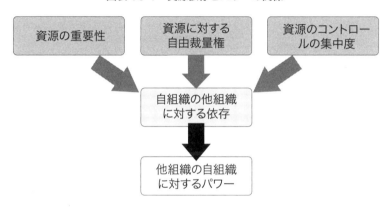

出所：山田耕嗣（2014）「資源依存理論」山田耕嗣・佐藤秀典『コア・テキスト　マクロ組織論』新世社，p.179 を一部変更。

　まず①自律的戦略とは，不確実性の源泉である外部組織に直接的に働きかけ，資源を内部化する戦略である。企業の場合でいえば，必要とする資源を有する他組織やその一部の合併・買収（Merger & Acquisition: M & A），取引関係を固定する系列化，必要な部品や原材料の生産工程を自社事業として取り込んでコントロールできる範囲を拡大する垂直統合，などが挙げられる。

　次に②協調的戦略とは，不確実性の源泉である外部組織と安定した関係を築く戦略である。特許の相互ライセンシング（利用許諾），ある企業の役員が他の企業の役員を兼ねる兼任役員制や外部役員の受け入れ，複数企業が共同出資して独立企業を設立するジョイントベンチャー，同業の企業が集まり上位組織を作る業界団体の設立，などがその例である。

　また③政治戦略とは，第三者機関に働きかけ，介入を得ることによって依存関係を操作する方法である。有力な政党や議員に働きかけ，その企業に有利な政治的決定を行なわせようとする活動であるロビーイングなどがある。

　最後に戦略とは言えないが，自組織内に情報システムを整備したり，情報収集と処理のための専門部署を設置設置したりすることも対処方法の一つである。これは直接相手組織に働きかけるわけではないが，不確実性を予知しやすくし，対応を容易にするための方法である。

図表 10-2　資源依存関係のマネジメント

自律的戦略	協調的戦略	政治戦略	組織内の体制
依存関係を吸収・回避する	依存関係を調整する	第三者機関に働きかけ，依存関係を操作する	対応する仕組みを組織内につくる
M & A，系列下，垂直的統合	兼任役員制，外部役員の受け入れ，合弁，業界団体の設立，契約の締結	ロビーイング，法規制の制定	戦略的情報システムの整備，外部情報の収集・処理の専門部署の設置

出所：中村公一（2012）「企業間関係を学ぶ」齊藤毅憲編著『経営学を楽しく学ぶ Ver.3』中央経済社 , p.112。

　以上のように資源依存理論では，自分たちの組織と相手の組織との間に生じる資源依存関係から，組織間関係を検討している。相手組織の資源が不可欠で，依存性が高まる場合，自組織は自律性が制限され，不確実性が高まってしまう。その中で，様々な方法を用いて不確実性を削減しようと努める。組織は，自律性と資源確保のジレンマにあり，その中でどのような組織間関係を形成するか意思決定すると考えられる（小橋 , 2018）。

2.　取引コスト理論（transaction cost theory）

　もう一つ組織間関係論の基礎的な考え方が，取引コスト理論である。取引コスト理論では，資源や製品，サービスなどを取引するためにかかるコスト面に着目し，組織間関係を分析している。

　経済学の理論上では，市場で自由に取引が行われることによって，経済活動が調整されて，希少な資源を無駄なく理想的に配分できると考えられる。しかし，

実際には，企業内部でも取引が行われ，こちらの方がコストを節約でき，効率的な場合もある。例えば，実際の市場取引の場合には，まずは取引相手を見つけなければならないし，相手が見つかったとしても交渉したり，契約を結んだり，また契約が正しく履行されるか監視したりすることが必要になる。こうしたすべての行為にコストがかかってくる。

　そこで，組織内取引（内部取引），つまり自分たちの企業で内製した場合のコストと比較される。組織内取引の方が市場取引よりもコストが削減できる場合は組織内取引が，また市場取引の方が組織内取引よりもコストが削減できる場合には市場取引（外部取引）が採用されるのである。

　一方で，組織間関係は，市場取引と組織内取引の中間形態と位置付けられる。もし決まった企業同士が永続的に安定した関係を築くことができると，前述した市場取引よりも探索コストや管理コストを抑えることができる。また，内製化することよりも特定の相手と取引した方が，コストが安く済む場合がある。そのために，組織間関係が構築されるのである。

図表 10-3　取引コスト理論における組織間関係の位置づけ

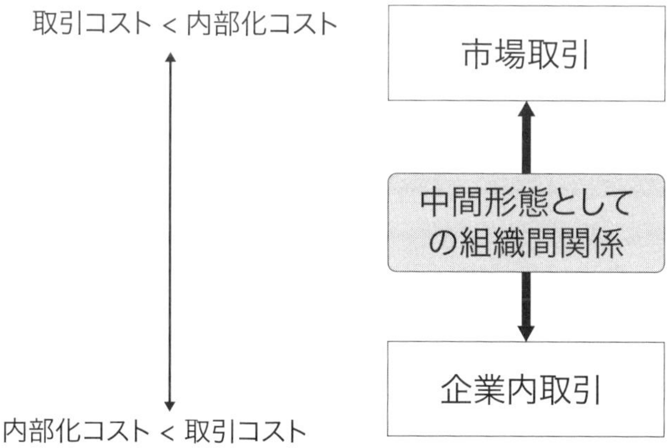

取引コスト＜内部化コスト

市場取引

中間形態としての組織間関係

企業内取引

内部化コスト＜取引コスト

出所：安藤史江（2019）「組織間関係」安藤史江・稲水伸行・西脇暢子・山岡徹著『ベーシックプラス　経営組織』中央経済社 , p.162。

　例えば，パソコンの場合を考えてみよう。パソコンにとって重要なCPU（中央演算処理装置）を内製するには，専門工場の設立や技術開発などに，多大なコストと時間が掛かる。一方で，自社で内製するよりも外部の専門企業から納入した方が，品質が良く安くすむ。しかし，市場取引に任せてしまうと，相手企業のCPUの性能情報などを十分に手に入れることができない。そこで，特定の企業と継続的・安定的に取引することで，様々な情報を手に入れることができ，また自社の要望を交渉しやすくなる。そのために，組織間関係を構築するのである。

　取引コスト理論の源流は，イギリスの経済学者，コース（R. H. Coase）が1937年に発表した論文まで遡ることができるが,その考えを発展させたのがウィリアムソン（O. E. Williamson）で，著書『市場と企業組織』（1975年）において組織間関係論に応用し精緻化・体系化している。

3.　その他の組織間関係論の基礎的な見方

　本章では，資源依存理論と取引コスト理論を詳しく説明したが，当然この2つの理論のみが組織間関係論のベースとなる理論というわけではない。山倉（1993）は，組織セット・パースペクティブや協同戦略パースペクティブ，制度化パースペクティブなど視点を示している。ちなみに，パースペクティブとは，「分析する視点」という意味である。

　組織セット・パースペクティブでは，組織間関係のうち，中心となる焦点組織（focal organization）をもとに，その組織と直接関係する複数の組織との関係に注目する。これら関係する複数の組織群（組織セット）のうち，資源などのインプットを提供する組織群をインプット組織セット，製品・サービスなどのアウトプットを購入する組織群をアウトプット組織セットと呼ぶ。焦点組織と，インプット組織セット，アウトプット組織セットの関係を相互作用システムとして注目するのが組織セット・パースペクティブである。

　また，協同戦略パースペクティブとは，組織の集合体あるいはグループを基本単位とし，個別組織を構成単位とする組織の協同体を解明しようとする。組織の協同体の共同目標を達成するため，あるいは相互利害を満たすための交渉や妥協，

相互依存行動や組織形態が検討される。

　そして，制度化パースペクティブは，組織が制度化された環境（制度的環境）に埋め込まれていることを前提とし，その制度的環境に同調することで正当性を獲得できること焦点があてられる。正当性を得るためには，国家や専門団体，同業他社といった組織との関係が不可欠であり，法や政治，文化の面を組織間関係論として取り上げる。

10.4　コラボレーションとしての組織間関係

　これまで見てきた資源依存理論や取引コスト理論では，自組織（焦点組織）が成長・発展するために，また必要な資源の獲得やコストの削減のために，組織間関係が構築されることを前提としていた。いわば，お互いの利害が一致するところで，組織と組織の関係が結ばれると考えられる。しかし最近では，お互いの利害を超えて関係を構築する「組織間コラボレーション（協働）」として組織間関係を考えることが多くなってきた。

1.　組織間コラボレーションとは

　まず，コラボレーションとは，グレイ（1989）によると「様々な側面から課題を見ている複数の集団が，その違いを建設的に明らかにしながら自らの能力の限界を超えて解決策を探索する過程」（Gray, 1989, p.5）であるという。"ある課題"を解決するために組織が関係を持つことが前提となっている。

　ミンツバーグら（1996）は，組織間コラボレーションを4つのタイプに分類している。すなわち，①サプライヤーとメーカーとの協働のような川上組織間コラボレーション，②メーカーと流通企業やフランチャイズとの協働のような川下組織間コラボレーション，③水平的な組織間関係による同一製品市場の組織間コラボレーション，④企業と行政組織間の政府組織間コラボレーションである（図表 10-4）。

図表 10-4　ミンツバーグらによる組織間コラボレーションの分類

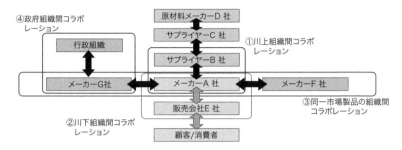

出所：Mintzberg, Jorgensen, Dougherry, and Westley, 1996, p. 60 を参考に作成。

　最近では，コラボレーションのきっかけとなる「課題」について，社会的課題を指す場合が多い。例えばオースティン (2000) は，21 世紀がアライアンス（提携）の時代であり，企業と NPO のコラボレーションが増加し，社会的問題解決のために，企業と NPO と行政組織との関係が大きく変化しなければならない，と指摘している。このように，複雑に問題が絡み合う社会的課題の解決は，単独の組織では難しく，複数の組織が協力関係を持ち，お互いの強みを生かしながら社会的課題を解決することが求められる。特に，地域問題を解決するためには，特定の個人や組織，あるいは行政だけが頑張るのでは不十分であり，組織と組織が協働システムを構築することが不可欠であるといえる。

2.　クロスセクター・コラボレーション

　社会的課題を解決するための協働システムとしてコラボレーションを考える場合に，単一のセクターだけでなく，異なる複数のセクター間でのコラボレーションが求められる。これは，クロスセクター・コラボレーション，あるいはマルチセクター・コラボレーションと呼ばれている（佐々木, 2009）。具体的には，企業と NPO，行政と NPO といった 2 つの異なるセクターの組織間コラボレーション，さらには行政と企業と NPO といった 3 つ以上の組織がネットワーク型に関係を結んでいる組織間コラボレーションも含まれる。

　ブライソンら (2006) では，クロスセクター・コラボレーションを「2 つまた

はそれ以上のセクターに所属する組織による，情報・資源・活動・能力（capabilities）の連結（linking）させること，あるいは共有（sharing）させることを通じて，単一セクターの組織ではなし得なかった結果を達成すること」（Bryson, Crosby, and Stone, 2006, p.44）と定義している。その中でも，企業と NPO とのクロスセクター・コラボレーションが相互補完関係にとどまらず，NPO が企業の健全な発展を促進し，企業の健全性が NPO の成長や発展を促進するといったダイナミックな関係であることが指摘されている（佐々木, 2009）。

　ではなぜ異なるセクター間でのコラボレーションが求められるのか。その解答には，組織間学習の議論が参考になる。組織間学習とは，組織と組織が関係を構築することにより，他組織から知識を獲得し，それらの知識を活用して新しい知識や価値を創造していくことである。すなわち，それぞれのセクターが専門としている活動から得られた知識を活用し，新たな価値を創造するために組織間関係が構築されるのである。特に，様々な要因が複雑に絡み合った社会的課題を解決するためには，複数の知識を寄せ集めて新たな「知」を生みだしていくことが求められる。

3.　組織間コラボレーションのマネジメント

　それでは，組織間コラボレーションを構築し，維持するためにどのようなマネジメントが必要なのだろうか。佐々木（2009）によるとポイントとなるのは，①対等性あるいは平等性，②目的・ビジョンの共有性，③相互信頼性，④相互変容性，⑤価値創造性という 5 つの組織間コラボレーション固有の特徴であるという。以下では，佐々木（2009）に示されている内容を詳しく見ていこう。

　まず，初期の段階では，①対等性あるいは平等性を確保することが必要であるという。対等で平等な関係から出発することで，規制の縦割組織の硬直性や閉鎖性から解放され，異質な他者との出会いによって創造的な行為が求められる場面で，組織間コラボレーションが生じるという。

　次に，②社会的課題の共通認識や目標・ビジョンの共有が必要であるとする。課題を明確化し，目的やビジョンが共有されることで組織間コラボレーションが

進展していく。さらに，③組織間，とりわけ組織内主要メンバー間の相互理解に
もとづく相互信頼性が不可欠であるという。なかでも，組織間コラボレーション
の媒介者や，触媒役を果たす架橋組織への信頼が必要であるとする。

　また④それぞれの組織が相互に学びあい変化する相互変容性を有しているこ
ともポイントとしてあげられる。相互に依存する組織間が影響を与え合いながら共
進化することが求められる。最後に，⑤価値創造性であり，組織間コラボレーショ
ンでの様々な活動過程において，既存の価値観に代わって新しい価値観が創造さ
れることもあるという。こうした新たな価値創造も組織間コラボレーションの特
徴である。以上，5つのポイントを意識しながら組織間コラボレーションをマネ
ジメントすることが求められる。

　加えて社会的課題の解決には，特定の参加者だけでの組織間コラボレーション
では不十分な場合が考えられる。例えば，地域の抱える課題として「空き家問題」
があったとしよう。問題解決のために，リノベーションをして移住者を増やすこ
とを目的に，行政やNPO，さらには企業がコラボレーションして共同事業を始
めた。しかし，移住者を地域に受け入れるためには，住民の協力が不可欠である。
このように，組織間コラボレーションをさらに発展させ，これまで参加していな
かった他の組織や個人を巻き込むような仕掛けを意識してマネジメントすること
も求められる。

10.5　組織間関係論の様々な視点

　本章では，組織間関係論の基礎理論として資源依存理論と取引コスト理論，ま
た発展理論として組織間コラボレーション論を検討してきた。ただし，組織間関
係論は「組織と組織とのつながり」を考える学問分野である。当然，様々な“組
織”があり，様々な“つながり方”が存在している。どの組織に注目し，どのよ
うな関係に注目するかは，研究者によって異なってくる。換言すれば，研究者の
数だけ組織間関係論の視点は存在するのである。

　ここでは詳しく述べることができなかったが，皆さんが地域産業に興味があれ

ば，産業クラスターや産業集積が，また農業に興味があれば，6 次産業や農商工連携が，さらに，教育に興味があれば，開かれた学校や高大接続が，組織間関係論の領域に入る。関心を持っている分野で，どのような組織間関係があるのかを是非調べてみてほしい。

Key Word ①：資源依存理論

　フェファーとサランシックが体系化した理論。組織は存続・発展するために必要なすべて資源を有しているわけではないので，他の外部組織から獲得することが不可欠である。しかし，他組織はつねに不確実な存在であることから，なるべく他組織への依存関係をコントロールしようとする。その様々な方法でコントロールされるが，それが新たな依存関係を生み出すことになる。

Key Word ②：取引コスト理論

　ウィリアムソンによって体系化された理論。取引によって発生する取引コスト注目し，市場取引と内部取引の中間形態として組織間関係が考えられており，コストを削減する行為の結果として組織間関係が構築される。

Key Word ③：組織間コラボレーション

　定まった定義はないが，課題の解決のために組織がお互いの利害を超えて，それぞれの知識や能力を持ち寄り，相互作用しながら新しい価値を創造する行動やプロセスである。自律性は多少阻害されるが，各組織のアイデンティティは維持される。

ブックガイド（発展的学習のために）

　第 10 章で学んだ組織変革と組織学習について，より理解を深めたい方にお薦めする文献は以下の通りである。

《組織間関係論の主要が視点や学説を理解するために》

山倉健嗣（1993）『組織間関係－企業間ネットワークの変革に向けて』有斐閣

《資源依存理論を中心とした最近の研究動向を知るために》

小橋勉（2018）『組織の環境と組織間関係』白桃書房

《組織間コラボレーションを理解するために》

佐々木利廣・加藤高明・東俊之・澤田好宏著（2009）『組織間コラボレーション　協働が社会的価値を生み出す』ナカニシヤ出版

参考文献

安藤史江（2019）「組織間関係」安藤史江・稲水伸行・西脇暢子・山岡徹著『ベーシック

プラス　経営組織』中央経済社

Austin, J. E. (2000) *The Collaboration Challenge: How Nonprofits and Businesses Succeed through Strategic Alliances*, Jossey Bass

Bryson, J. M., Crosby, B. C., & Stone, M. M. (2015) "Designing and Implementing Cross-Sector Collaborations: Needed and Challenging", *Public Administration Review*, 75

Gray, B. (1989) *Collaborating*, Jossey-Bass.

小橋勉（2018）『組織の環境と組織間関係』白桃書房

具承桓 (2009)「組織間関係論の領域と視点」高松朋史・具承桓『コア・テキスト　経営管理』新世社

Mintzberg H, Jorgensen J, Dougherty D, Westley F. (1996) "Some surprising things about collaboration: knowing how people connect makes it work better", *Organizational Dynamics*, 1996-Spring

中村公一（2012）「企業間関係を学ぶ」齊藤毅憲編著『経営学を楽しく学ぶ Ver.3』中央経済社

Oliver, C. (1990) "Determinants of Interorganizational Relationships: Integration and Future Directions", *Academy of Management Review*, Vol. 15, No. 2, pp. 241-265

Pfeffer, J. & Salancik, G. R. (1978) *The External Control of Organizations: A Resource Dependence Perspective*, Harper and Row

佐々木利廣（2004）「組織間関係論の発展」齊藤毅憲・藁谷友紀・相原章編著『経営学のフロンティア（21 世紀経営学シリーズ 10)』学文社

佐々木利廣（2005）「組織間関係論の課題と展開」赤岡功・日置弘一郎編著『経営戦略と組織間提携の構図』中央経済社

佐々木利廣（2009）「組織間コラボレーションの可能性」佐々木利廣・加藤高明・東俊之・澤田好宏『組織間コラボレーション—協働が社会的価値を生み出す—』ナカニシヤ出版

山田耕嗣（2014）「資源依存理論」山田耕嗣・佐藤秀典著『コア・テキスト　マクロ組織論』新世社 , p.179

山倉健嗣（1993）『組織間関係－企業間ネットワークの変革に向けて』有斐閣

第4部　様々な組織体

第11章

企業組織の組織論

†

●予習課題①

　コーポレート・ガバナンス（Corporate Governance）とは，企業統治のことであるが，企業の不正を防ぐための仕組みや，企業の公正で効率的な経営を実施するための経営体制の構築などで理解されることが多い。つまり，企業はどのような体制を作れば，不正を排除し，望ましい経営成果を継続的に出せる運営ができるのかを考えるのが，コーポレート・ガバナンスの領域である。ここでの目的は，実際のビジネス世界で機能しているコーポレート・ガバナンスの必要性と多様性を概観したうえで，さまざまな企業組織の在り方を理解することである。

●予習課題②

　CSR は Corporate Social Responsibility の略で，企業が様々利害関係者に果たすべき責任のことである。企業の社会的責任ともいう。ここでの目的は，企業という組織体は様々な外部環境主体との関連の中にあること（オープンシステム）を再認識し，あらゆるステークホルダー（利益関係者）からの要求に対応した経営が必要であることを理解する。企業の CSR を考慮した取り組みは，最近サステナビリティ（Sustainability）経営として脚光を浴びていることも紹介したい。

11.1 コーポレート・ガバナンス

コーポレート・ガバナンス（Corporate Governance）は，企業の所有者と経営者の間に利害の衝突が起こる可能性が存在することを前提にして作られた一種の規律づけである。その究極の目的は，公正・効率的な経営体制によって望ましいパフォーマンスを保証することにある。

1. コーポレート・ガバナンスの前提：所有と経営の分離

コーポレート・ガバナンスは株式会社の発展によって，必要とされてきた。まずは，企業形態の進化からコーポレート・ガバナンスの前提を理解しよう。

歴史的に，企業の最初の形態は個人経営から始まる。事業の所有と経営はオーナー1人あるいは数人で行うことが一般的であった。そのうち，家族の支配が強い場合を家族経営企業（family-controlled firm）と呼ぶ。家族経営企業は成長するにつれ，スキルと資金という2つの問題が現れてくる。事業の規模・範囲を拡大していくと，業務が膨大になり複雑になる。それを完全にさばく能力・スキルを全部家族の中で求めることは不可能になることから，外部の「専門家」(managerial specialist）を雇い，経営を任せることになる。また，成長に必要な資金の調達も家族内部では限界があり，外部に目を向けざるを得なくなる。そこで，複数の出資者による出資の分散を取る形で「会社」（法人）が設立される。

会社の原初的形態から現代的な形態への進化を見ると，大まかに合名会社，合資会社，株式会社という形態になる。それぞれの特徴について，以下表 11-1 を参照されたいが，本章で議論の対象となる株式会社の特徴を見ていく。

株式会社は有限責任の出資者の資金（株式）によって作られた会社である。有限責任とは，出資者が出資額の範囲で損失に対して責任を持つことを意味する。出資した代わりに，株式が出資者に渡されるため，出資者は株主と呼ばれる。有限責任を負うため，出資者にとって大きなリスクを回避できることから，多くの出資・出資者を募ることができる。

　しかし，株主の全てが経営に長けているわけではなく，株主が多く存在することで，全ての株主の意見を通すことも難しいため，株主ら自身で経営を行うことは現実的ではない。その場合，経営能力のある専門家に経営を任せ，経営がオーナーから「専門家」にシフトし，所有が創業者から数多くの株主に分散していったのである。このように，企業は成長する過程で，所有者と経営者が別人になり，所有と経営の分離が生じてしまったのである。

図表11-1　企業形態別特徴

特徴＼企業形態	個人企業	合名会社	合資会社	株式会社
法人格	法人設立しなくてよい	法人	法人	法人
出資者	1人	1以上	2人以上	1人以上
責任範囲	無限責任	無限責任	無限責任・有限責任	有限責任
経営者	出資者	出資者共同で	無限責任出資者	株主総会によって委任された経営者
社会的信用度	低い	低い	やや低い	高い
資金を集める力	集めにくい	集めにくい	やや集めにくい	集めやすい

出所：筆者作成。

2.　コーポレート・ガバナンスの必要性：「代理人問題」への対応

　多くの株式会社では，株主でない経営者は株主の代わりに経営を執行し，「代理人関係」（agency relationship）が発生する（図表11-2）。つまり，出資のリスクを担っている株主（principals）は専門的スキルをもつ経営者（agents）に，企業の意思決定の権限を委譲し，彼らに報酬を支払うという関係である。

　この関係から，少なくとも二種類の問題が現れる可能性がある。第一の問題は，所有者と経営者の利益，目標に矛盾が現れたときに，経営者は所有者の観点に立って利益を最大化する役割を果たせないことである。例えば成長の見込みがないと思われる企業があるとしよう。所有者の立場から，資本の損失を最小限にするためには，売却して資金を回収するのが望ましいが，一方，経営者からすると，売却は自身の地位が脅かされることになるので，事業を継続するように行動し，所有者の利益を阻害することにつながりかねない。第二の問題

は，経営者と所有者の間に存在する情報の非対称性から，経営者の「暴走」を止められないことである。企業の財務や経営などの内部情報については，経営に実際に携わっている経営者は詳しいが，依頼人である所有者は企業情報へのアクセスが限定されている。そのため，経営者はきちんと仕事をしているのか，経営は効率的に行われているのか，などについて所有者は確認しにくい状況にある。よって，経営者が自分の報酬や地位を優先することで，結果的には投機的な態度・行動をとるリスクを防げなくなる。粉飾決算，汚職，データ偽装，賞味期限改竄などの企業不祥事が多発するのも，一部はこのような代理人問題があるからである。

　経営者による投機主義は，全体的に少数と思われても，その発生を防止するための措置が必要である。コーポレート・ガバナンスは，自身の利益を優先し所有者に反した行動をとりうる危険性を最小限に抑えるために設けられた重要なモニタリングのメカニズムである。

図表11-2　代理人関係（An Agency Relationship）のイメージ

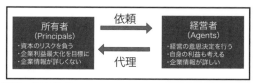

出所：筆者作成。

3. コーポレート・ガバナンスの内容

　所有と経営の分離によって発生する所有者と経営者のコンフリクトを解消するために，所有者は様々なメカニズムを通じて，ステークホルダー（特に所有者である株主）の要求に満たす行動をとるように経営者に働きかける。現代企業においてよく使われているガバナンスのメカニズムは，内部が3つ，外部が1つある。

　内部ガバナンスは，企業内部における経営者に対するコントロール機能に焦点を当てており，主に①所有権の集中，②取締役会，③役員報酬というトピックで取り上げられる。

①所有権の集中（ownership concentration）

　所有権の分散（株式が多数の小口株主に分散）と集中（大口株主に集中）によって，経営者に対するモニタリングの力が違ってくる。一般的に，分散された所有権は，前節で述べたような，情報の非対称性や，数多くの小口株主の意見が経営陣に届けにくいため，経営者の意思決定を統制する力が弱い。一方，株式が少数の大口株主に集中すると，代理人問題は緩和され，経営者の意思決定は所有者利益の最大化のために設計されるようになると考えられる。それは，大きな支配力を持つ大口株主は，利害の衝突が起こるとき，経営者を更迭させる権力を持つからである。

　近年，個人の大口株主に代わって，投資信託や年金基金などの金融機関が代表とする機関投資家が台頭し，アメリカでは企業株式の 60%〜75%，日本では約 30%（上田，2016）が機関投資家によって所有されていると言われている（上田，2016）。

②取締役会（the board of directors）

　取締役会は，所有者（株主）たちによって選ばれた人々のよって構成され，ボードとも呼ばれる機関である。役員たちの役割は，企業の経営層を公式的に統制することを通じて，所有者の最大利益を確保することである。役員は，企業の日常運営に携わっているかどうかという基準と，企業との関係の相違によって次の種類に分けられる。(1) 内部者（insiders）：企業内部の CEO や経営のトップ層にいる人たちであり，日本では社内取締役とも呼ばれる。(2) 外部者（outsiders）：企業の外部にいる他企業の経営トップ，関連分野の専門家など，社外取締役とも呼ばれる。一般的に，取締役会における内部者の比例が高くなると，経営活動に対する統制の力が弱くなる（Peni, 2014）。また，取締役会の統制機能だけが，企業の好成績を保証するものではなく，役員たちの経験，知識が企業の有効な戦略策定と実施に大きく貢献するという事実も多くの研究から分かってきた。最近，社外取締役を積極的に会社に招聘し，女性や外国籍役員を取締役会に加わるなどのダイバーシティ推進が一つのトレンドになっている。

③役員報酬（executive compensation）

　役員報酬としては，所有者の利益と一致させるための手段として，給与，ボー

ナスなどのキャッシュ報酬や，ストックオプション（あらかじめ決められた価格で自社の株を購入できる制度のこと）など長期的なインセンティブが使われている。一般に，ストックオプションは，企業の業績が上昇すると株価が上がり利益が得られるので，経営者が企業の長期的成長を重視する経営行動につながると考えられる。また，長期的インセンティブは，経営者の環境意識を高め，環境にやさしい経営を促すことに成功したケースも見られる。

　ただし，実際にはCEO報酬もらいすぎ問題があり，役員と所有者の利益を一致すると思われるストックオプションも，「財務業績の良さには報いるが，業績の悪さや不正でさえも罰することはないし，長期的価値よりも短期的なリターンを最大化し，名目株価を最大化するための経理操作を経営者に奨励することになる」（ヴォーゲル，2019）との指摘があるのも事実である。

　以上3つの企業内部コントロールが機能しなくなった時，外部のガバナンス，すなわち市場のコントロールが作動する。市場のコントロールは，個人や企業による標的企業の買収によって実現する。買収の標的になるのは最高経営者の責任であると思われることが，経営者の投機的行動を規制する一つ有効な機能になる。

　ただ，市場のコントロールメカニズムにも限界がある。買収は業績の悪い企業を対象にするものばかりではなく，業界平均より業績の良い企業が実際ターゲットになるケースも多い。特にアメリカでは，ヘッジファンド（hedge funds，大口投資家しか出資できない投資ファンド）の積極的な投資行動による取締役会での影響力の獲得が，企業の買収あるいは売却の可能性を増加させてきた。これらの経営判断は基本的に企業の将来性に基づくもので，近年は大きな成長が期待される技術分野に多くのヘッジファンドの投資が見られている。

　このように，企業のガバナンスは，内部・外部のメカニズムを通じて「効率」的な経営を実現していく。これは一般的なガバナンスの仕組みとなるが，実際では多様な形が見られる。次節は，異なる国のコーポレート・ガバナンスから企業組織の多様性を見ていく。

11.2　企業組織の国際比較

　経済のグローバル化が進む中，コーポレート・ガバナンスが世界的に重要なトピックとなり，前節で紹介したメカニズムはグローバルに通用するものとしてスタンダードとなりつつある。とはいえ，各国の制度，文化など企業を取り巻く社会的環境が違うため，それぞれのコーポレート・ガバナンスの違いに反映されている。以下，企業の運営機関に焦点を当て，アメリア，日本，ドイツ，中国におけるコーポレート・ガバナンス構造の特徴を紹介する。

1.　株主主権の組織（アメリカ）と従業員主権の組織（日本）

（1）アメリカ

　アメリカでは，会社が株主のものという意識が強く，株主主権のガバナンスが行われてきた（図表11-3）。一方，日本では株主よりも，従業員の方が会社へのコミットメントが強く，会社に対する所有意識を持つため，従業員主権のガバナンスが行われていると一般的に認識されている。その違いは会社機関の力関係で現れている。

　アメリカの会社機関は，弱い株主総会と強い取締役会が特徴的といえる。株主総会は「株主」を構成員とした株式会社における意思決定機関と位置付けるが，決定事項の範囲と株主によるコントロールの機能は，日本と比べて限定的といえる。日本の株主総会では，①定款の変更，組織再編など会社の根本に関わる事項，②役員の選任や解任という役員の人事に関わる事項，③余剰金の配当や役員の報酬などという株主利害に大きく影響を与える事項を決議することが会社法で定められており，総会で決定された事項は法的効力を持つ。一方，アメリカの株主総会も，会社の基本的な経営方針や，取締役の選任・解任など基本的な決議事項を審議するのは一般的であるが，企業によって審議内容を自由に決められる。しかも，総会で可決した事項に対して法的拘束力がない。例え株主総会で可決された提案としても，取締役会はこの提案の履行を拒否することができる。株主総会よ

りも取締役会が意思決定において最も重要な役割を担っている。

　取締役会の構成員は外部者（社外取締役）過半数ということが普通である。取締役会は日常業務の執行を直接行わず，執行するための意思決定を行い，それらの業務を自らが選任した経営者（経営陣）に委託する。そのため，経営者と取締役の役割と責任は別々で両者を兼任することもあるが，経営者は取締役である必要はない。

　取締役会が経営者の業務執行に対するコントロールとして機能するには，その下部機関として設置されている様々な委員会が有効といわれている。図11-3のように，取締役会の下で社外取締役を中心とした監査委員会，指名委員会，報酬委員会が設置されている。これらの委員会は業務の執行を監視したり，取締役の候補を指名したり，上級役員の報酬を決定したり，取締役会のコントロールをサポートしている。

　このように，株主重視のアメリカでは，その傾向にふさわしい外部者の多い取締役会が組織され，経営者からの独立性が高いのである。これはアメリカ企業が「ドラスティックな改革を断行しやすい」という長所を持つと同時に，「株主の意向を重視するあまり，短期志向の経営に向かいがちという問題」があり，「株主利益のために従業員解雇に走ってしまうと，従業員の間での会社に対する一体感は急速に薄れることとなる」という短所もある（加護野ほか，2010，p.70）と言われている。

(2) 日　本

　アメリカの強い取締役会と対照的に，日本は弱い取締役会と強い経営者が特徴とされる。近年，日本における統治改革が進んでおり，取締役会の下部に委員会を設置するアメリカモデルを取る会社も多くなってきたが，いまだ監査役会設置会社（図表11-4）が中心となっている。以下，その特徴を見ていく。

　監査役会設置会社では，取締役会以外に監査役会が設置されている。監査役会は取締役会及び会社の業務執行について不正はないかを監査することが定められた役割である。しかし，実際，取締役会の構成員は内部者がほとんどであり，取締役，監査役の選任も実質代表取締役社長が行っていることが多く見受けられる。

　この特徴は長年行われてきた「日本的経営」が背景にあった。「日本的経営」は，1970年代から世界的に注目されてきた終身雇用，年功序列，企業内組合のいわゆる「三種の神器」である。その中で終身雇用が「日本的経営」の基本とされている。

　終身雇用とは，定年までの長期的な雇用関係である。法的制度，あるいは「契約」で定められたものではなく，従業員と企業の間に形成された一種の暗黙の合意である。大企業の男性正社員は自分からやめない限り，職場を離れることはない，また企業は著しい経営危機に陥らない限り，解雇はしないという暗黙である。年功序列とは，勤続年数によって，従業員の賃金が上昇し，昇進していくという意味である。企業内組合とは，欧米でみられるような職能・職種別や産業別のものではなく，個別の企業ごとに作られた労働組合である。労働組合の本来の役割は，従業員の適正な権利や待遇を企業側と交渉するであるが，終身雇用が前提にあるため，企業の存続が従業員にとって最重要事項となる。交渉においても，経営者側に協調するほうが得になるため，経営者が強い力を持つことになる。また，組合幹部は一般的に出世コースとして知られ，重役になるケースもすくなくない。

　このように，「日本的経営」のもとで，取締役会の構成員となる人の大多数は

図表11-3　会社機関の構成（アメリカ）

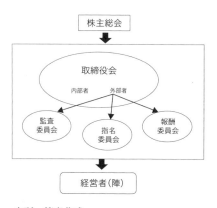

出所：筆者作成。

図表11-4　監査役会設置会社の機関
　　　　　構成（日本）

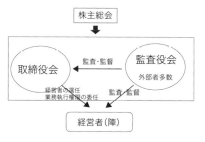

出所：筆者作成。

内部昇進で上がってきて，内部昇進による経営者選任は一般的になった。これは取締役会における経営者の強い支配力につながると同時に，もともと従業員出身であった経営層にいる人たちに，従業員代表としての経営者の性格も持たせた。このような内部昇進の経営者を中心になるガバナンスの実態を，伊丹（2007）は「従業員主権」のモデルと言っている。

2. 労使共同の組織（ドイツ）と国の意向を重視する組織（中国）

(1) ドイツ

　ドイツの株式会社は，取締役会の役割と権限を，監視機能を担う監査役会（Aufsichtsrat）と業務執行機能を担う執行役会（Vorstand）の二層構造で構成されている（図表11-5）。これは労使共同決定という伝統理念から，従業員が会社の経営に参加する「共同決定制度」によって構築されたと思われる。

　監査役会は会社の最高機関であり，その構成員は株主代表と従業員代表からなる。2000人を超える従業員を有する企業では，半数の株主代表が，株主総会によって任命され，残り半数は従業員によって選出された後，株主総会によって承認される。外部出身者の株主代表と内部出身者の従業員代表が，共に経営者の意思決定をコントロールする。具体的に，監査役会は経営を実際に執行する執行役会（経営陣）のメンバーを任命し，彼らのパフォーマンスを監視し，報酬を決定するなどを行う。また，共同決定法に基づき，監査役と執行役の兼任が禁じられており，監査と執行の機能は完全に分離されている。

　「従業員経営参加」という特徴は，ドイツ企業固有の株主所有構造も関係している。株式会社の形態を取っている企業（約全企業数の約1%）は，大規模企業が多く，各州の政府や銀行が大株主になるケースが顕著である。特にドイツの銀行は，融資のみならず証券の取引や為替業務なども引き受けたりして，日本のメインバンク以上に企業に影響力を持っている。ドイツでは，監査役会会長という人物が銀行からの派遣者であることは珍しくない。このように，株式が銀行など少数の出資者に高度集中し，所有関係も安定しているため，企業は長期志向で出資者と従業員による共同経営を実現したわけである。

(2) 中国

　中国ではかつて国家が直接企業を管理していたが，1990 年代半ばから，市場経済の導入につれて「現代企業制度」を確立し，株式会社が主要な企業形態の一つとなった。

　中国の株式会社は，株主総会（「股東大会」），取締役会（「董事会」），代表取締役（「総経理」）と監査役会（「監事会」）という 4 つの主要機関によって運営がなされている（図表 11-6）。股東大会は最高権力機関，董事会は意思決定機関，総経理は業務執行機関，そして監事会は監督機関にあたる。董事会と監事会は日本の取締役会と監査役会の関係に類似しており，監査役会に従業員代表も加わることはドイツに似ている。ただ，ドイツの場合，監査役会と取締役会（執行役会）は上下関係であり，監査役会のほうが圧倒的に強い権限をもつが，中国の監事会は規模的に小さく（一般的に董事会の 1/3 程度），役割的にも「監督」にとどまり，取締役や経営陣の選任・解任する権限を持たない。業務執行体制においては，董事会より経営陣が選任され，執行権が付与される点はアメリカの制度と大きな違いはない。

図表 11-5　二重構造会社機関（ドイツ）

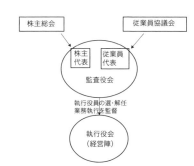

出所：加護野忠男，砂川伸幸，吉村典久（2010）『コーポレートガバナンスの経営学：会社統治の新しいパラダイム』有斐閣，pp.261-263 の内容により，作成。

図表 11-6　中国の会社機関

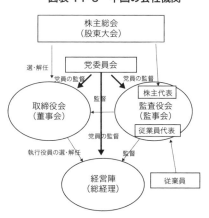

出所：筆者作成。

　他国と大きく違うのは，中国のコーポレート・ガバナンス体制に影響を及ぼす共産党組織の存在である。共産党組織は，9割以上の公有企業，7割近い非公有企業において作られている。党組織は企業の統治のみに参加し，管理・経営上の施策策定に直接関与しないという建前の規定はあるが，実際，国有企業では意思決定の順番において，董事会の前に位置付けられている。重大事項の決定，重要幹部の任免，重要事業の投資と巨額資金の使用について，事前に議案を党組織で審議・承認することを通じて，党組織は事実上経営をコントロールしている。非公有企業では，党組織は経営への関与は少なく，主な役割としては国の政策と方針を企業に伝えるとともに，党員，労働者を集結して，企業の合法的な経営を監督することである。

　以上，コーポレート・ガバナンスの内部メカニズムの視点から，アメリカ，日本，ドイツ，中国の企業組織を見てきた。各国の文化的背景，経営慣行，経済発展の段階は異なるため，様々なガバナンス構造があるのは当然である。

　一方，グローバル化はかつてないスピードで進展し，コーポレート・ガバナンスの外部メカニズムの重要性，つまり市場への対応が一層強く求められるようになった。企業は株主のみ，あるいは株主と従業員のためだけのものではなく，企業は社会のための存在という認識が高くなってきた。次節では，社会的存在としての企業が果たすべき役割について見ていく。

11.3　社会的存在としての組織

1.　CSR（企業の社会的責任）

　CSR は Corporate Social Responsibility の略で，企業が様々利害関係者に果たすべき責任のことである。企業の社会的責任ともいう。

　CSR の概念は社会とのかかわりの中から生まれ，その内容も社会変化とともに充実してきた。CSR が提唱される背景には，戦後次々と発覚する企業による公害の問題，人権問題，不祥事などが挙げられる。企業は株主のもの，従業員のも

のという組織内部に焦点を当てる見方は，様々な社会問題の議論においては通用しなくなった。つまり，企業の行動は，当該産業に影響するだけでなく，経済にも大きな影響を与える社会的な存在である。そのため，社会から種々の恩恵を受ける企業は，その対価として社会的責任も果たすべきという考え方が広まってきた。株主・投資家，従業員，債権者，取引先，消費者，地域，環境保護団体など，様々なステークホルダーに対して，責任のある行動が企業に求められるようになったのである。具体的に，①企業は株主・投資家など，資本市場の利害関係者に利益を確保する責任，②従業員などの内部構成員に対する雇用，人権を保護する責任，③社会に対して安心・安全な良質製品・サービスを提供し，利益を社会に還元する責任，④地域に対して環境を保護し，地域づくりに貢献する責任，などを CSR の主な実践領域となっている。

　CSR の考え方に基づくと，企業経営に関しては 2 つ大きな分野がある。コンプライアンス（法令遵守）とサステナビリティ（Sustainability）経営である。

2.　コンプライアンス

　コンプライアンスは，法令遵守と訳されるが，ここでいう「法令」の概念は非常に広いものである。法令・規則はもちろん，企業倫理，経営理念，社会のルール，規範なども遵守した経営を行うことがコンプライアンスである。コーポレート・ガバナンスの一領域として，コンプライアンスは社会的責任の観点から果たすべき義務のみならず，信頼できる「善い企業」の体質づくりにも不可欠である。法令違反・社会的要請違反，不正などを起こさないように，企業は人権，労働，環境などに配慮した CSR を重視したコーポレート・ガバナンスが求められている。近年，内部の不正を防ぐ「内部告発制度」の確立や，外部から分かりにくい情報を内外の利害関係者に積極的に説明する取り組み（IR 部門，CSR 部門の設立と活動）が一般化になってきている。

3.　サステナビリティ（Sustainability）経営

　サステナビリティ経営は，社会的持続可能性（sustainability）に配慮した経営

のことである。CSR の本質は企業と社会の持続的発展であり，そのためにコンプライアンスを実践し，不正を防ぐことで社会・環境にポジテイブな影響を与えるという取り組みはすでに多くの企業で実践されている。ただ，これだけでは不十分である。社会的持続可能性は一般的に環境，社会と経済の 3 側面から構成される。環境や社会の持続可能性が維持できなければ，社会の一員，地球の一員である企業の発展もない。社会・環境の期待に応える責任を副次的捉えるのではなく，それを企業の経営戦略に盛り込んだ積極的な取り組みが必要になる。このような認識が近年高まりはじめ，SDGs への取組が注目されている。

　SDGs とは，持続可能な開発目標（Sustainable Development Goals）であり，2015 年 9 月の国連サミットで 193 か国が合意に至った 2030 年までの国際目標である。持続可能な世界を実現するための 17 のゴール・169 のターゲット・232 の指標から構成されている。企業にとって，SDGs はリスクも伴うが，「未来の市場を創造・獲得するための『機会』でもある」（経済産業省，2019, p.7）とされている。未来に向けて持続的に価値を生み，社会に必要とされる企業であり続けるために，SDGs 経営を行うことが求められる。

　SDGs への取組と共に，投資を通じて企業をサステナブルな方向へ牽引する ESG 投資も最近急増している。ESG 投資は環境（Environment），社会（Social），ガバナンス（Governance）の持続可能性を追求する投資のスタイルである。環境，社会，ガバナンスの要素を投資判断基準に加わることが特徴とされる。企業側は E・S・G に関する取組を開示し，投資家はそれらの内容に基づいて投資判断を行う，というやり方である。ESG に積極的に取り組む企業はガバナンスが比較的に健全であり，将来のパフォーマンスが予測しやすくなる。

　本章は，コーポレート・ガバナンスの視点から企業という組織を見てきた。所有構造，経営慣行，文化的背景，経済制度など，企業を取り巻く様々な環境が経営活動を規定し，それに伴って様々なガバナンスの形態が見られた。カバナンスの在り方は国ごとに違いはあるものの，地球温暖化，貧困など深刻な環境・社会問題を背景に，どの企業にも共通して責任を問われる時代が来た。投資家，従業

員，顧客，環境，社会など，あらゆる利害関係者に責任をもち，持続的成長につながるサステナビリティ経営がこれから企業の経営の潮流になるのであろう。

Key Word ①：コーポレート・ガバナンス

コーポレート・ガバナンス（Corporate Governance）は，企業の不正を防ぐための仕組みであり，企業の公正で効率的な経営を実施するための経営体制である。

Key Word ②：会社機関

会社の意思決定，運営・管理を行う組織やその業務を行う立場にある者を指す。株主総会，取締役会，監査役会，取締役，監査役，委員会などが含まれる。

Key Word ③：CSR

CSR は Corporate Social Responsibility の略で，企業が様々な利害関係者に果たすべき責任のことである。企業の社会的責任ともいう。

ブックガイド

佐久間信夫編著（2017）『コーポレート・ガバナンス改革の国際比較』ミネルヴァ書房

加護野忠男，砂川伸幸，吉村典久（2010）『コーポレート・ガバナンスの経営学：会社統治の新しいパラダイム』有斐閣

飯冨順久，辛島睦，小林和子，柴恒和夫，出見世信之，平田光弘（2006）『コーポレート・ガバナンスと CSR』中央経済社

参考文献

Allen, J., N. Li (2018)『治理在覚醒：中国公司治理進化史（亜洲公司治理協会 2018 年中国公司治理報告）』Asian Corporate Governance Association

Berrone, P. & L. R. Gomez-Mejia, (2009), "Environmental performance and executive compensation: An integrated agency institutional perspective", *Academy of Management Journal*, 52: pp.103-126

Desender, K. A., R. A. Aguilera, R.Crespi, & M.Garcia-Centona, (2013), "When does ownership matter? Board characteristics and behavior", *Strategic Management Journal*, 34: pp.823-842

花崎正晴「日本型コーポレートガバナンス構造の再検討：市場競争の規律づけメカニズムの検証」『一橋ビジネスレビュー』（2017 年 Win），pp.94-107

伊丹敬之，加護野忠男（2007）『ゼミナール経営学入門』（3 版）日本経済新聞出版社

稲上毅・連合総合生活開発研究所（2000）『現代日本のコーポレート・ガバナンス』東洋

経済新法社

Peni, E., (2014), "CEO and Chairperson Characteristics and Firm Performance", *Journal of Management & Governance*, 18: pp.185-205

加護野忠男，砂川伸幸，吉村典久（2010）『コープレート・ガバナンスの経営学：会社統治の新しいパラダイム』有斐閣

川本真哉（2009）「20世紀日本における内部昇進型経営者」『企業研究』第15号，中央大学企業研究所，pp.5-21

経済産業省「SDGs経営ガイド」2019年5月
(https://www.meti.go.jp/press/2019/05/20190531003/20190531003-1.pdf)

Kroll, M, B., A. Walters, & P. Wright, (2008), "Board vigilance, director experience and corporate outcomes", *Strategic Management Journal,* 29: pp.363-382

飯冨順久，辛島睦，小林和子，柴恒和夫，出見世信之，平田光弘（2006）『コーポレート・ガバナンスと CSR』中央経済社

Post, C. & K. Byron, (2015), "Women on boards and firm financial performance: A meta- analysis", *The Academy of management Journal,* 58（5）: published online on 7 Nov 2014(https://doi.org/10.5465/amj.2013.0319)

スティーブン・ヴォーゲル，2019年2月15日，「『CEO報酬もらいすぎ問題』でいますぐすべきこと：ゴーンが平均社員の数百倍稼ぐのはおかしい」『東洋経済　ONLINE』，https://toyokeizai.net/articles/-/264656; accessed December 21, 2020.

中共中央组织部「2016年中国共产党党内统计公报」http://www.xinhuanet.com/politics/2017-06/30/c_1121242478.htm

Walsh, J., & Kosnik, R. (1993). "Corporate Raiders and Their Disciplinary Role in the Market for Corporate Control", *The Academy of Management Journal,* 36(4), 671-700. Retrieved March 3, 2021, from http://www.jstor.org/stable/25675 → http://www.jstor.org/stable/25675; accessed March 3, 2021.

第12章

流通組織の組織論

†

●予習課題①

　流通業とは何か。小売業とは何か。流通業及び小売業の概念について自分の言葉で簡単に説明してみよう。

●予習課題②

　日常生活の中でよく買物をする店舗が属する企業名はどこか。いくつかあげてみよう。次にそれらの店舗が属する企業名やチェーン名を調べてみて，それらの店舗が属する企業が同一のグループやチェーンに属してはいないか確認しよう。

●予習課題③

　生活の中でよく買物をする店舗はどこか。いくつかあげて，それらのお店の本社やチェーンを調べてみよう。それらの店舗が同一のグループやチェーンに属してはいないかどうか，確認しよう。

12.1　外部環境の変化と組織

日本の小売業は企業の成長過程においてその企業規模を拡大し，物販を中心と

する小売業から，小売り以外のサービス（金融，不動産事業等）も提供する流通業へと進化をとげてきた。人は，夏，暑いと薄着になり，さらには冷房を使用することもある。逆に冬は寒いと厚着をし，暖房を使用するなどし，気候の変化に対応をする。企業での気候にあたるのが外部環境の変化である。外部環境の変化の1つに競争環境の変化がある。自社の商圏に競合店が出店することがこれにあたる。なお，このような領域を扱う学問がマーケティングや競争戦略と呼ばれる学問であり，今日多くの研究がなされている学問領域である。

　一方，外部環境の変化には，法律の改定なども存在する。小売業には，1974年制定の大規模小売店舗立地法（大店舗法）という，既存の中小店舗の保護を目的とした売場面積1000平方メートル以上の出店を規制するための法律が存在した。かつては，この法律により，出店のための審査に時間を要したため，大型店のスムーズな出店が困難であった。しかし，その後の消費者ニーズの変化や環境問題の重要性，さらには海外資本からの日本経済の開放を求める要望もあり，大店法は2000年に大規模小売店舗立地法（大店立地法）へと代わることとなった。

　審査対象の企業は，両法律とも売場面積1000平方メートル以上で変わらなかったが，法律の目的が既存店の保護から設定された環境指針に基づく出店へと変化したため，広範囲な項目が審査の対象となった。この法律により出店認可まで審査期間は短縮した。しかし，環境への審査が厳しくなったことから都市部への出店が難しくなり，新たな出店は郊外へと進んだ。さらに，環境基準をクリアーするのための設備投資により費用がかさみ出店コストが膨らんだ。その結果，資本力のある大手企業でないと出店しづらい状況となって行った。

　小売業は商品を仕入れて，その商品を売って，その利益でもって商売を継続し規模を拡大してきた。この一連の作業を1人で行って，事業を拡大していくことは困難である。ここで組織が必要となるのである。個人では達成することのできない仕事が，複数の人々が協働をすれば実現されうる場合に，分業と統合のシステムが必要となる。これが組織である。組織の活用により多様な要素間の相互依存関係が飛躍的に高まり，シナジーを生む。すなわち，現代のように，利用する技術が高度化し，処理すべき問題も多様化し，社会環境の複雑性を企業が乗り越

えて成長するためには，組織が必要となるのである。

12.2　スーパーマーケットの組織

　本節では店舗で食料品の販売を中心に行うスーパーマーケットの組織について図表 12-1 を例にして考察を行う。

　一般的組織では，経営企画が企業全体のオペレーションを行う。商品本部が仕入れ部門となり，店舗管理部と営業本部が商品の販売方法及び価格などを決める。企業の組織においては，どの部門も重要であるが，最近の小売業で重要視されているのが，経営管理部門と顧客管理部門である。財務経理部は資金の管理を行う部門である。小売業はメーカーから商品を仕入れて，商品の販売と同時に代金を回収する。メーカーへの支払いはその後になる。小売業のみならず企業では，代金の回収から支払いまでの資金管理が，企業の業績に大きな影響を及ぼすことになる。

　顧客管理部は，顧客データと売上データをひもづけて顧客情報の収集をして，そのデータを商品の仕入れや価格の決定に反映させる。顧客情報と売上データを連動させることが，小売業では業績向上に重要な役割を果たすのである。さらに，顧客を固定化させることが重要になる。このツールとして多く利用されているのがポイント・プログラムである。小売業において商品の仕入れと販売は主要な業

図表 12-1　小売業組織（例）

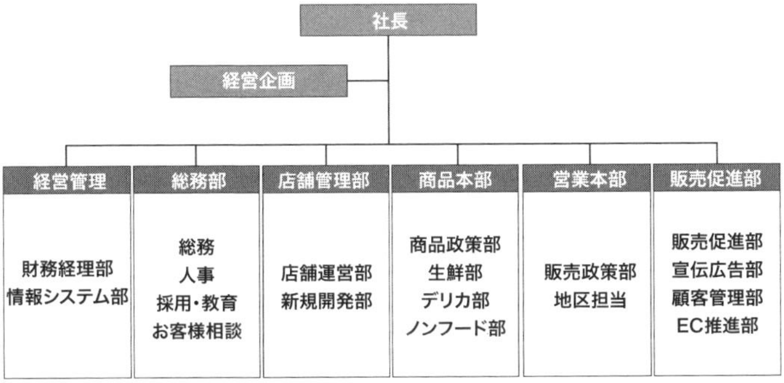

務である。しかし近年の小売業ではそれをサポートする部門も重要視されてきている。

12.3　卸売業

　小売業では商品の仕入れという業務が重要である。食料品を中心に扱うスーパーマーケットでは，非常に多くの商品を販売している。最近ではワンストップショッピングの機能を強化したいスーパーマーケットが，非食料品以外の日用品分野の品揃えを強化し，店舗で取り扱う商品の幅も広げてきている。仕入れをするには商品知識も必要であり，仕入金額の交渉，納期の管理などの付帯業務も多く発生する。このため，仕入担当者が，全メーカーと仕入れの交渉を行うことは困難であり，実質的には不可能である。それではこのような，大量で多品種にわたる商品を小売業はどのように調達し仕入れているのだろうか。その役割を担う企業が，卸売業と呼ばれる業種の企業である。

　卸売業，製造メーカー，小売業の3者間の関係性を示したのが図表12-2である。卸売業は，メーカーから商品を仕入れて，その商品を小売業に卸している（納品）。直接商品を，消費者に販売することはしない。この点が小売業者とは大き

図表12-2　3者間の組織図

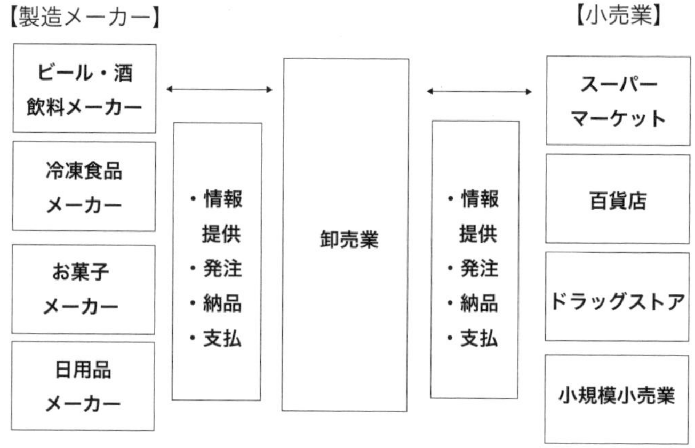

【製造メーカー】			【小売業】
ビール・酒飲料メーカー	・情報提供		スーパーマーケット
冷凍食品メーカー	・発注	卸売業	百貨店
お菓子メーカー	・納品 ・支払	・情報提供 ・発注 ・納品 ・支払	ドラッグストア
日用品メーカー			小規模小売業

く異なる点である。卸売業者は，小売業から消費者ニーズを収集し，メーカーへフィードバックを行う。メーカーはこれらの情報をもとに新たな商品開発等を行う。一方で，メーカーは，卸売業を通じて自社の新商品等の情報を小売業へ発信する。卸売業は，多くのメーカーとの取引を行っているためタイムリーに，小売業側のニーズに応じた幅広い商品の調達が可能となる。

　小売りでは，小品種大量販売の流れから価格競争戦略を重要視する業態が存在する。一方で，商品へのこだわりを求める消費者が増加する傾向もあり，多品種少量販売を行う小売も存在している。小売業にとり多品種少量の商品を仕入れることは，手間であり，仕入額も高くなりコスト増へとつながりやすい。しかし，卸売業は，小売業数社からの注文をまとめてメーカーに発注することで，仕入価格を下げることが可能である。これにより中小規模の小売業でも，卸売業から商品調達を行うことで，メーカーとの直接取引を行う大手小売業と変わらない価格での販売（価格競争力の維持）が可能となる。これが卸売業の役割である。

　卸売業の重要な役割の1つが，資金決済の一元化である。小売業者は卸売業者から商品を仕入れることで，卸売業者への支払いだけで資金決済を完了することができる。現在の商慣習上，仕入代金は，商品を仕入れた翌月にメーカーへ後払い（掛売）するのが一般的である。メーカーにとっても商品の代金回収は重要であり，企業の経営に直接影響を及ぼす。メーカーは，卸売業者への納品を行っており，資金の回収も卸売業者からの入金だけで完了する。メーカーにとっても入金管理が容易となり，資金回収におけるリスクの回避も可能となる。このように卸売業は，通常では私たちの目には見えないが，小売業の商品供給においては重要な役割を担っているのである。

12.4　個人情報保護法と小売業の顧客管理

　ここまでに，小売業における会社内の組織を示し，商品の品揃えをサポートする卸売業について説明をした。会社の組織が整備され，店舗に商品が揃うと小売業は営業が可能となる。店舗が営業すれば企業はより多くの消費者を来店させ売

上の増加を目指す。多くの来店があり，売上が増加すれば，通常，企業の利益（儲け）も増加する。企業は増加した利益で設備投資を行う。具体的には店舗設備をリニューアルしたり，新規出店をするなど企業が成長するための資金としてこの利益を活用するのである。

　小売業は，多くの業種の中でも比較的新規参入がしやすい業種である。鉄道や通信事業に新規参入しようとすると最初のインフラ整備（車両の購入，通信基地局の設置等）に膨大な資金と法的対応力等，資金以外でも多くの対応能力が必要となる。したがって，このような業界へ新規参入する企業，できる企業は限られているのである。一方で，小売業に参入しようとした場合は，売る商品が用意できれば個人でも参入が可能である。この事は現在のネット販売の活況を見ることからも容易に理解できるであろう。

　新規参入が容易であるということは，ライバル企業も多いことになる。すなわち，競争環境が厳しいのが小売業の特徴ある。このような中で企業は，競合店舗との差別化を図ろうとする。商品，値段などの差別化がその代表的なものである。最寄品と呼ばれる商品はコモディティ商品と呼ばれるものが多くを占めている。コモディティ商品とは，製造のメーカーが違ってもあまり商品の品質，味等が変わらない商品を指す。購買する商品の多くが，このような商品であり，実際に店舗内の品揃えもこのような商品が大多数である。どの店舗で買っても同じであれば，後は価格での差別化になる。ただし，過度な価格競争は企業の収益の低下を招く。このような状況を回避するために企業は，購買者の組織化，固定化，囲い込み化を図る。

　このような利用者は通常，顧客と呼ばれ，その上位顧客はロイヤルカスタマーなどとも呼ばれている。このような顧客を作るにはどのようなツールが利用されているのだろうか。多頻度の来店を目的にする簡単なツールが，スタンプカードである。規定のスタンプが貯まると特典が付与される。この進化版がポイントカードである。

　ポイントカードは，売上や来店数に応じてポイントが貯まる仕組みである。ポイントを付与することで顧客の来店促進を促し，企業は顧客からの購買情報を取得

することで，その情報を将来の販促活動に利用する。通常ポイントの管理はシステム上で行われておりポイントカード発行会社がポイントカード作成時に，氏名，年齢，生年月日，住所，電話番号等の個人情報を入力し，システムに登録することでポイントカードが発行される。ポイントカードを運営，維持するには，多くのシステムコスト費用が必要になる。かっては，システムコストの負担が可能な企業が，自社でポイントカードを発行し，そうでない企業が共通ポイントを利用するケースがほとんどであった。しかし，個人情報の保護に関する法律「以下，個人情報保護法と呼ぶ。」(2003) が公布されたことで，国は企業に対して，個人情報保護の厳格化を求め，さらに取得した情報の目的外での利用を禁止した。企業においては，個人情報保護法に対応するため，この図表 12-1 で示した，情報システム部門，総務部門（コンプライアンス対応），顧客管理部門のウエイトが高くなってきている。現在ではこの法律を遵守するために小売業以外の業種でもその対応を行っている。このような外部環境の変化に対応しようとすると人員が増加し，企業の規模が拡大し組織も肥大化する。それにともないコストも増加する。このようなことから個人情報の入力が必要なポイント・プログラム及びポイントカードの発行は大手小売業でないと難しいのが現状である。ポイントカードやカード事業は会員の増加にともない組織も拡大する傾向となっている。小売業はこのような事業をどのように成長させるのだろうか。

12.5　事業の多角化による組織の変化—小売業から流通業へ—

　小売業は商品の販売を事業ドメインとしている。そして，企業の成長とともに商品の販売に付帯するサービスを強化して行く。事業領域の拡大である。その結果，現在の小売業は生活に関連するすべてのサービスの提供を可能とするサービス産業へと進化してきている。小売業が流通業へと脱皮した姿である。流通業は小売以外のサービスを提供することで顧客を自社内で囲い込むことが可能である。

　クレジットカード事業などは，商品販売時の利便性を高めるサービスである。

小売業では，新規事業をスタートさせる時，既存の組織に組み込み，スモールスタートをさせる。クレジットカード事業をスタートさせる場合，図表 12-1 の組織図上では，顧客管理部門に組み込んで事業をスタートさせることが可能である。その後，事業の収益性を見極めたうえで分社化し事業を独立化させる。事業を独立化することで，新たな金融事業を開始する事が可能となる。このように企業は，新規事業を既存事業から分社化独立させることで，新たな収益事業へと成長させることが可能となるのである。

　流通業が新規事業を展開しやすいのは，本業の小売業で消費者を顧客化しているからである。すなわち，新規のサービスを開始するための顧客基盤がサービス開始前から構築されているからなのである。新規サービスの提供を開始する時，事業収支の見通しがある程度予測されていれば，企業の成長戦略も構築しやすくなる。流通業は，これまでに取得した顧客を基盤として事業を多角化し，企業の経営の基盤を安定させて行くのである。流通業は，同一企業内で顧客を共有化することで管理コストを削減を行っているのである。

12.6　流通業におけるグループ一元管理の組織

　企業が成長する段階で，費用対コストを考慮し，自社での新規事業より買収及び資本参加による自社グループへの組み込みを選択するケースもある。なぜこのように事業を拡大させるのだろうか。それは，グループ内で顧客を共有化して一元管理することで顧客をグループ内のそれぞれの企業（店舗およびサービスを利用させること）でワンストップショッピングさせることを目的にしているからである。以下は流通企業の全体像を組織化したものである。多くの小売業が，図表 12-3 の組織図のようにそれぞれの事業をグループ化している。

　現在の大手流通企業は，小型食品スーパーマーケット事業を起業し，顧客を獲得し固定化して事業を成長させてきた。同一グループ内に百貨店事業やコンビニエンス事業などの異なる業態やさまざまな事業を有する企業の組織は，図表 12-3 となる。企業に新たな事業が加わると，この組織のボックスが増えるイメージで

図表 12-3　事業一元管理の組織図

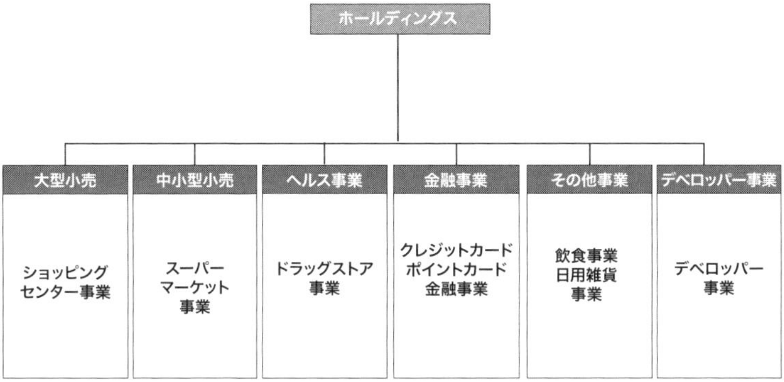

ある。このように組織を巨大化させる大手流通企業の戦略とは，自社顧客をグループ内で囲い込み競合他社に対して，顧客への流出をグループ全体で防ぐことにある。顧客を固定化させるために，大手流通企業では，グループ内におけるポイント等の特典サービスを共通化し，一元管理化を行っている。グループ内で獲得した顧客はグループ外に流出させないための組織が図表 12-3 の組織なのである。なお流通業は身近な題材であるのでこれからの研究対象の１つに加えてみてはいかがであろうか。

Key Word ①：外部環境の変化

　経営学においては企業を取り巻く環境が変化し，特に企業の経営に影響を与える状況を指す。

Key Word ②：流通業

　小売業が物販以外のサービスなどの事業を取り込んでできた企業組織。小売業の成長は，多様な小売業態の開発だけではなく，物販の枠を越えてさまざまなサービスや業種を新たに開発し提供するという多角化で行われてきた。一方で，企業が自社の成長に必要と判断すれば，企業の買収や他企業との提携などを実施し，新たなに事業を取り込むことも行ってきた。このような成長の経緯により小売業は，物販とそれに付随するサービスを提供する総合サービス企業として，その企業規模を巨大化させてきた。このような巨大化した小売業は，流通業もしくは流通企業とも，呼ばれている。

Key Word ③：ワンストップショッピング

　小売業において1店舗で必要な商品がすべて品揃えできる状況をさす。当章では1つの企業グループ内で提供される物販やサービスで顧客のニーズを満たす状況を指す。

ブックガイド（発展的学習のために）

浅羽茂・須藤実和（2013）『企業戦略を考える』日経文庫

井本省吾（2009）『流通のしくみ＜第2版＞ベーシック』日経文庫

大滝精一・金井一頼・山田英夫・岩田智（2016）『経営戦略＜第3版＞』有斐閣アルマ

矢作敏行（2003）『現代流通』有斐閣アルマ

参考文献

伊丹敬之（2012）『経営戦略の理論＜第4版＞』日本経済新聞出版社

桑田耕太郎・田尾雅夫（2011）『組織論＜補訂版＞』有斐閣アルマ

十川廣國（2015）『経営組織論＜第2版＞』中央経済社

第13章

非営利組織の組織論

†

●予習課題①

あなたが関心のある社会課題を挙げて，その社会課題の解決を図る NPO について調べてみよう。

●予習課題②

NPO を支援する施設あるいは行政機関を訪れ，自分の住んでいる地域 にどのような NPO があるのかヒアリングしてみよう。

13.1　NPO の定義

非営利組織（以下「NPO」(Non-Profit Organization) とする）を知る上でまずは 日本における NPO の現状を知ることから始めたい。NPO 法人を所轄する内閣 府が定期的に NPO 法人に関する世論調査を実施しているので，そこから紐解い ていくことにする。

内閣府の平成 30 年度「NPO 法人に関する世論調査[1]」では，「NPO 法人は信 頼できるか」との質問に対して回答者の 71.5% が信頼できる回答している。こ

---

1)　詳しくは内閣府ＨＰ内（https://survey.gov-online.go.jp/h30/h30-npo/2-1.html）を参照。

れは，平成 25 年の前回調査より 7.2% 上昇しており市民が NPO 法人に対して信頼していることを表している。一方，「あなたやあなたの家族は， 直近 3 年間において，NPO 法人が提供する支援やサービスを受けたことがありますか」という質問に対して回答者の 84.5% が受けたことがないと回答している。このことから NPO 法人が実際にどのような活動をしている認知があまり進んでおらず，イメージによる信頼醸成が大きいと考えられる。実際に寄付先に NPO 法人を選ぶと回答した人は回答者 7.0% であり，共同募金会の 51.3% や日本赤十字社の 46.9% と比べるとかなり低い数値である。NPO 法人に対して市民が直接的に関与する機会は以前少なく，NPO 法人は未だ遠い存在であると言わざるを得ない。

　このような調査結果からまずは NPO とは何かを理解する必要がある。NPO の定義については，狭義から広義の定義づけまでさまざまである。狭義の定義としては，公益を追求することを目的とする組織を指す場合が多い。具体的には，NPO 法人にプラスして，法人化していない市民活動団体を含めた組織を指す。ちなみに NPO 法人とは，「特定非営利活動促進法」にもとづいて所轄庁から認証を受けた法人のことである。2020 年 1 月現在で 51,403 件である[2]。

　現在日本では，この狭義の定義がもっともよく使われており， 行政も主にこの範囲で NPO を定義づけしていることが多い。ちなみに行政の場合は，NPO という表現はあまり用いず，市民活動団体や市民公益活動団体と表現することが多い。

　一方広義の定義は， 狭義の定義づけに加えて組織メンバーの便益を追求する共益的な組織をも含める場合である。 欧米では， この定義づけを用いることが多い。さらに最広義の定義づけとして， 協同組合や共済組合，社会的企業等も含める場合である。非分配拘束のある非営利組織と社会的企業も含めるという考えもある。それぞれの定義を図示すると図表 13-1 のようになる。

　NPO 法人の場合，その法人の定款に掲げているその法人の目的の内容を確認すれば， その団体概要を一定範囲で理解することができる。またその法人のこ

---

2)　内閣府ＨＰ内（https://www.npo-homepage.go.jp/about/toukei-info/kenbetsu-ninshou）を参照。

図表 13-1　NPO の範囲

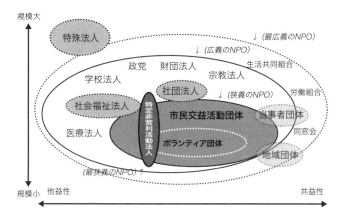

出所：大阪市 HP（https://www.city.osaka.lg.jp/shimin/page/0000225449.html）。

とを知りたいと思った時は，内閣府の「NPO 法人ポータルサイト[3]」や各都道府県の閲覧サイトにアクセスすると具体的内容を知ることができる。

　米国のジョンズ・ホプキンス大学政策研究所が中心になって進めている非営利セクター国際比較プロジェクト（Comparative Nonprofit Sector Project=CNP）では，NPO であるための要件として次の 5 つを挙げている[4]。

　①利潤を分配しないこと … 活動の結果として利潤が発生しても，組織本来のミッション（使命）のために再投資すること。

　②非政府 … 政府の一部分ではないこと。ただし，政府からの資金援助を受けないということではない。

　③フォーマル … 組織としての体裁を備えているということ。必ずしも法人格を取得していなければならないということではない。

　④自己統治 … 他の組織に支配されず，独立して組織を運営しているということ。

---

3)　詳しくは内閣府ＨＰ内（https://www.npo-homepage.go.jp/npoportal/）を参照。
4)　Salamon, L. M. and Anheier, H. K.(1994), *The Emerging Sector,* The Johns Hopkins Univesity（今田忠監訳（1996）『台頭する非営利セクター－世界 12 カ国の規模・構成・制度・資金源・現状と展望－』ダイヤモンド社）p.14 参照。

⑤自発性・・・自発的に組織され，寄附やボランティア労働力に部分的にせよ
　依存しているということ。活動のすべてがボランティアや寄附によって運営
　されていることを要求しているものではない。

13.2　NPO の歴史

　日本と欧米でNPOを指す範囲の違いはあるものの社会におけるNPOの存在
感が増していることは共通している。実際，市民のみならず行政や企業といっ
た他セクターにおいてもNPOの認知度は向上している。では，その源流はどこ
から発生してきたのか。次に日本におけるNPOの歴史について概観する。

　日本におけるNPOの源流は約1400年前の聖徳太子の時代までさかのぼると
言われる。聖徳太子が593年に建立した四天王寺には，「四箇院」の制を設け，
貧しい人を助ける「悲田院」，薬を施す「施薬院」，病気の人を直す「療病院」，
仏法修行の場である「敬田院」の４つの院を設け，貧しい人の救済に当たった
のである。現在でもその流れをくむ施設や機関が存在し，その影響力は非常に大
きい。その後，行基や空海といった僧による公益的な活動が行われた。江戸時代
に入ると教育における民間的な活動しての私塾や寺子屋等が設立され，結と講・
座・連，五人組などさまざまな組織が成立していった。

　その後，明治時代に入るとキリスト教や仏教等の宗教的動機による施設が作ら
れる。今でも非営利組織として知られている「日本赤十字」の設立も1877年に
起きた西南の役という戦いが契機となっている。また，慶應義塾大学や同志社
大学等が設立されたのも明治時代であり，江戸時代に民の力で支えられた教育
の機会が，さらに発展したものと言える。そして，近年では阪神・淡路大震災後
NPOの活動が広く世間に知られるきかっけとなり，1998年に特定非営利活動
促進法（NPO法）が施行されたのである。

13.3　NPO の運営

　NPO の運営において他組織より難しいのが資金確保である。企業の場合は，原則「交換」という法則が成り立つ。つまり，商品・サービスを提供すればその対価として収入を得ることができる。逆に対価を得られない商品・サービスについては，供給しないという仕組みである。しかし，NPO にはその原則は成り立ちにくい。たとえば動物保護活動に取り組もうとした場合，保護した動物からNPO に資金を提供されることはない。NPO の活動が大きくなるにつれて，その活動にかかる経費も大きくなる一方，収入が増えないということが多い。NPOにおける財源確保が非常に難しいとされる所以である。

　NPO には会費・寄附金，補助金・助成金，事業収入などといった収入源がある。様々な財源から資金供給できるということは，その NPO の公益性が高いと判断される材料の 1 つとなっている。会費・寄付金と補助金・助成金と事業収入という 3 つの収入源のバランスが取れていることは，その団体の運営が安定していることの証である。経費（支出）としては，事業費，管理費（具体的には，人件費，通信費，旅費，家賃など）などがある。

　日本では，他国に比べると寄附が盛んに行われていないと言われるが，果たしてそうだろうか。確かに 2015 年に出された「寄附白書[5]」によれば，日本における個人寄付の総額は約 7409 億円であり，一人当たりの寄付金の平均額は 2,303円である。寄附が盛んと言われるアメリカでは，年間 2000 億ドル（約 20 数兆円）であり，世帯当たりの寄付金は約 17 万円にのぼる。この部分だけを取り上げると日本の寄付金は少ないと考えられがちだが単純にそうとは限らない。例えば近くの神社を訪れるとたくさんの寄付者名が記された鳥居や灯篭を見かけることがある。また街中にある建物が寄附によってつくられたものも多数存在する。日本でも寄附文化が根付いていることを垣間見ることができる。最近では，東日本大震

---

5)　日本ファンドレイジング協会（2015）『寄付白書 2015』p.13 参照。

災後に約 6,000 億円という多額の寄付が集まったことは記憶に新しい。

ただその寄付を NPO が受け皿して受け止めて切れていない面もある。実際,寄附を集めたことがない NPO も多い。一方では近年クラウドファンディングや休眠預金の活用といった NPO が利用できる新たな資金供給方法も出現してきており,社会から得られる資金を活用しながら社会課題の解決を図るためのマネジメント力が求められている。

13.4　NPO と他組織の違い

ここでは,NPO と他組織との比較によってその輪郭を明らかにする。まず混同されがちな NPO とボランティアの違いについて述べる。ボランティア (volunteer) という用語は,volo (ウォロ) =to be willing (欲する) +-er (〜の人) が語源であり,それが転じて「志の人」「したくてする人」を指すようになった。つまり,ボランティアは個人を示す言葉であり,その結果についても当然個人の責任になる。一方 NPO は組織を指し,NPO はボランティアを含めた活動を組織化するために結成されたものである。つまり,単に一時的な集まりではなく社会的な責任をもって継続的に存在する集団であり,組織の継続性や発展性が求められるのである。

近年の NPO には,ボランティアが介在しない組織も増加している。それは「事業型 NPO」と呼ばれ,ボランティアではなく有給スタッフが事業を展開している。NPO の活動を仕事として NPO に所属する人が増加しているのである。

一方で地域活動や復興支援といったボランティアに支える活動も多数存在しており,近年の頻発する災害を考慮するとさらにそのニーズは高まっている。このように仕事であれボランティアであれ,多くの人が参加する NPO の存在感は社会においてますます増してきている。

次に企業と NPO の違いについて考えてみる。企業と NPO の最も大きな違いは,ミッション (企業でいえば経営理念) と利益追求のバランスのとり方である。確かにどちらも社会に役立つ商品やサービスを提供するという点ではそれほど大きな

図表 13-2　ボランティアと NPO の違い

	ボランティア	NPO
活動領域	個人でできる範囲	ミッション達成に必要な領域
要　　件	個人の善意性が前提	必ずしも個人の善意性を必要とはしない
収　　益	原則無償が多い	収益を確保し，次の事業展開に活用する
行政との関係	協力的，下請・補完的要素が強い	独立・競争，協調・協働，代替・下請
共通部分	自主性・自発性，社会貢献性，自己実現性，連帯性，柔軟性，先駆性など	

出所：松下啓一（2002）『新しい公共と自治体』p.27，一部加筆。

違いはない。しかし，企業の場合は，より顧客のニーズに合わせた製品・サービスづくりを徹底して考える。顧客のニーズを満たすことは利益獲得につながるという誘因が企業に大きく影響を与える。この影響力が社会変革を促すような商品やサービスが数多く産出する一方，顧客のニーズを追求するがあまり公害や偽装等，社会に悪影響を及ぼしている部分も少なからずある。

　一方，NPO の場合は，顧客のニーズ全てに迎合した活動を行っている訳ではない。むしろ自分達が理想とする社会像を描き，その実現のためにたとえその考えに反対する勢力があっても，それに屈せずに活動を続けていくということが往々にしてある。さらには NPO の活動が始まるきっかけは当事者の実体験が起因になることが多い。例えば，「自分の家族に障がいを持った人がいる」，「親の介護が必要になった」，「病気になった子どもを預ける場所がない」，「学校に行けず引きこもっている」等，世間で盛んに言われている社会課題に自らが直面し，その課題に対して自らの解決方法を見出して他の人達にも波及させていくことが多い。利益誘因に影響を受けず目の前の課題に全力で取り組んでいくからこそ，思いも寄らない力を発揮して社会変革の大きなムーブメントを巻き起こすのである。

　最近は企業も NPO と同じように自社の事業によって社会課題をどのように解決するかという視点を持ち始めた。近年よく言われる CSR（Corporate Social Responsibility）や CSV（Creating Shared Value）あるいは SDGs（Sustainable Development Goals）といった考えが普及するにつれて企業も社会課題の解決にどう貢献するか問われている。

図表 13-3　企業と NPO の違い

	企業	NPO
基本原則	経営理念の実現と利益の追求	ミッションの実現と社会課題の解決
利　　益	利益を出資者および構成員に分配する	利益を構成員に分配しない
活動領域	利益につながる活動を優先的に実施	社会課題の解決を図る活動を優先的に実施
情報開示	一部のみ開示	全て開示

出所：筆者作成。

　次に NPO の活動に近い行政との違いについて見ていくことにする。行政の中で NPO に対する認識が高まったのが阪神・淡路大震災である。震災発生直後，行政はその機能のほとんどを喪失してしまった。その時行政に代わって活躍したのが NPO であった。NPO はその機動力を活かしながら被災地の隅々まで支援の手を差し伸べていったのである。行政は公平性の原理から特定の地域や個人を支援することが難しい。他方 NPO の場合は，今自分たちができる支援を支援したい人にできるのが大きな強みである。このように社会課題の解決という目的は行政も NPO も同じであるが，活動範囲や機動性が大きく違うのである。

図表 13-4　行政と NPO の違い

	行政	NPO
社会的価値	平等・公平・安定	自由・多元・競合
活動領域	自治体の課題全てが対象	特定のテーマに特化
構成員	全住民	有志

出所：新川達郎監修（2003）『NPO と行政の協働の手引き』p.49 一部加筆。

　次に自治会と NPO の違いについて考えてみる。自治会は昔から祭りや盆踊り等の地域行事や自治会館の運営といったその地域で必要とされるさまざまな活動を行っている。しかし，近年，マンションの増加や核家族化の進行で自治会への加入率が年々低下してきており，担い手の高齢化もかさなって自治会の活動が停滞してきている。自治会機能の低下は，災害時に大きな被害につながることが懸念として取り上げられることも多い。そこで行政を中心に自治会と NPO の協働を促進している。その具体例として担当課が自治会と NPO の両方を管轄したり協働指針を策定したりしている。NPO を「テーマ型組織」として位置付けるに

対して自治会は「地縁型組織」として区別することもできる。

図表 13-5　NPO と自治会との違い

	自治会	NPO
活動領域	居住地にかかわる課題全般（居住者の共通課題を重視。居住地以外の課題は扱わない）	特定のテーマに特化（「この指とまれ」方式。地域の課題から離れる場合も多い）
構成員	全住民参加が建前（域内住民のみ。入退会は自由で低組織率の場合もある）	有志が参加（入退会は自由。特定地域の住民でなくても参加は自由）
活動者	役員等に集中しがち	役員等の責任は重いが，有志の集いなので比較的会員の関与は多い。
参加姿勢	自発的（ただし，つきあいなどの消極的参加もありうる	自発的（嫌になったら辞めてしまう）
意思決定	可能な限り「全員一致」（調整的運営が求められる）	責任を負う人が強い影響力を持つ場合が多い（意見が合わないと独立・分裂もある）
役員の自律性	半自律的（構成員の意向を，かなり重く配慮）	自律的（支援者の意向は配慮）
財源	自治会費などの住民の寄附＋行政補助・委託	会費，寄附金，事業収入，時に行政補助・委託
行動・原則	公平・調和・継続	自由・多元・競合

出所：新川達郎監修（2003）『NPO と行政の協働の手引き』p.49 一部加筆。

　これまで NPO と他組織との比較によって NPO という組織の輪郭を明らかにしてきた。NPO は他組織として比べて柔軟で機動的である。その柔軟さゆえに他の組織との協働関係を築きやすい。しかし脆弱な組織基盤のため企業や行政からの影響力を過剰に受けて，NPO のミッション追求が妨げられている場合もある。また地域団体と関係がうまく築けず地域の中で孤立している NPO もある。そこで NPO の発展にはそれを支える組織が必要であり，それは「中間支援組織」と呼ばれている。最後に NPO を支える中間支援組織の概略を解説しておく。

13.5　NPO を支える中間支援組織

　2011 年の内閣府の「新しい公共支援事業の実施に関するガイドライン」[6]では，中間支援組織を「市民，NPO，企業，行政等の間にたって様々な活動を支援する組織であり，市民等の主体で設立された，　NPO 等へのコンサルテーションや情

---

6)　内閣府 HP（https://www5.cao.go.jp/npc/shienjigyou-kaiji/gaidorain.pdf）参照。

報提供などの支援や資源の仲介，政策提言等を行う組織を言う。中間支援組織自らが NPO 等である場合もある。」と定義している。

図表 13-6　中間支援

出所：国立教育政策研究所（2016）「多様なパートナーシップによるイノベーティブな生涯学習環境の基盤形成に関する研究　報告書（Ⅳ）－中間支援組織調査－」p.7.

　これまでの日本における中間支援組織の主たる役割は，NPO の支援目的で設置された施設の運営や，NPO への情報提供，そして NPO 間のネットワークづくりが中心とされてきた。しかし，近年における中間支援組織の支援対象は，NPO に留まらず，NPO を取り巻く多様なステークホルダーや個々の NPO の受益者等までその対象範囲が広がっている。またニーズの多様化により中間支援組織の機能も多様化が求められている。中間支援組織は NPO に対して資金・人材・情報を提供し NPO 活動を支援する役割は今でも大きい。そして，今後はNPO 同士や行政，企業との連携・協働の調整役（コーディネーター）としての役割を果たすことが期待されている。さらには NPO 全体に対する課題把握や個々の NPO では取り組めない社会的課題に対して社会全体に訴え共有化し，問題解決方法などを創出することも重要な役割である。そしてそれを政策に反映させるアドボカシー機能（政策提言機能）を持っていることが中間支援組織の大きな特徴でもある。今後，NPO が発展する上で中間支援組織の拡充が重要な要素の 1つであることを最後に指摘しておきたい。

Key Word ①：特定非営利活動促進法（NPO 法）

　特定非営利活動促進法（NPO 法）は，特定非営利活動を行う団体に法人格を付与すること等により，ボランティア活動をはじめとする市民の自由な社会貢献活動としての特定非営利活動の健全な発展を促進することを目的として，平成 10 年 12 月に施行された。

Key Word ②：SDGs

　SDGs（Sustainable Development Goals）とは，2015 年 9 月の国連サミットで加盟国の全会一致で採択された，2030 年までに持続可能でよりよい世界を目指す国際目標。17 のゴール・169 のターゲットから構成され，地球上の「誰一人取り残さない（leave no one behind）」ことを誓っている。

ブックガイド（発展的学習のために）

　第 13 章で学んだ非営利組織についてより深く理解したい人へお勧めする文献は以下の通りである。

《非営利組織論》

田尾雅夫・吉田忠彦（2009）『非営利組織論』有斐閣アルマ

《NPO と行政との協働》

新川達郎監修（2003）『NPO と行政の協働の手引き』社会福祉法人大阪ボランティア協会

参考文献

Salamon, L.M. and Anheier, H.K(1994), *The Emerging Sector*, The Johns Hopkins Univesity (今田忠監訳（1996）『台頭する非営利セクター―世界 12 カ国の規模・構成・制度・資金源・現状と展望―』ダイヤモンド社)

今田忠（2006）『日本の NPO 史―NPO の歴史を読む，現在・過去・未来―』ぎょうせい

田尾雅夫・吉田忠彦（2009）『非営利組織論』有斐閣アルマ

新川達郎監修（2003）『NPO と行政の協働の手引き』社会福祉法人大阪ボランティア協会

松下啓一（2002）『新しい公共と自治体』信山社

岩崎久美子他（2015）「多様なパートナーシップによるイノベーティブな生涯学習環境の基盤形成に関する研究　報告書（IV）―中間支援組織調査―」国立教育政策研究所

内閣府（2011）『新しい公共支援事業実施に関するガイドライン』

日本ファンドレイジング協会（2015）『寄付白書 2015』

第 14 章

医療組織の組織論

†

●予習課題①

　高齢化社会が医療機関と関連する業界・企業にどのような影響を及ぼす
のか調べよう。

●予習課題②

　日本の国民皆保険制度について，アメリカやヨーロッパの制度との違い
について調べよう。

14.1　医療機関とその特徴

1．医療機関の種類

　病院やクリニックなど医療機関は，非営利組織であり（第12章参照），その経
営主体によって公的病院と民間病院の二つに分類される。公的病院とは厚生労働
省が定めた経営者によって運営される病院であり，国の医療政策に沿った医療が
行われる。民間病院は個人の医師や医療法人によって経営されている。

　また，医療機関は大きく病院と診療所に分類される。医療法により，病院とは
入院可能なベッド数が20床以上ある施設を指し，病院の規模は病床数で表され，
19床以下であれば診療所となる。

　病院は一般病院・精神科病院・結核療養所の三つに分類される。

　一般病院には，単科病院・複数の診療科からなる病院・リハビリテーション病院等がある。また，ここには特定の疾患について専門的な治療を行う高度医療機能病院，大学病院の本院等の特定機能病院，地域の病院・診療所などの後方支援機能を果たす地域医療支援病院が含まれる。

2.　病院の組織

　病院組織において，医療法で病院長は医師であることが定められている。病院長は病院における医療全体の最高責任者として，医療について責任を負うが，その上に経営責任を負う理事会があり，このメンバーは医師資格を持つ必要はない。

　病院組織も他の組織同様，ラインとスタッフ部門に分かれ，図表 14-1 に示される（第8章参照）。具体的には診療・治療に直接関わるライン：医療部門と，これを支援するスタッフ：事務部門で構成されている。

　医療部門には外科系・内科系の診療科からなる医局の他に，看護部，コメディカル*部がある。そして医療機関においてこれ以外の部分が，事務部門によって担われている。

図表 14-1　病院組織図例

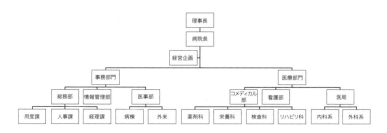

出所：筆者作成。

＊コメディカルとは，一般的に医師・歯科医以外の医療従事者をさす。

3.　各部門での職務

医療部門

　医療部門は，主に診察・治療を行う部門である。

医局：医師が所属し，さらに内科系診療科系と外科系診療科系の医局に分類される。

・ 内科系診療科は，投薬等による治療が行われ，呼吸器科・消化器科・循環器科・小児科などがある。

・ 外科診療系は，手術などに代表される治療を行い，整形外科・脳神経外科・皮膚科・眼科・耳鼻咽喉科などがある。

　医師は自身が選択した専門知識・技量に基づいて診療科に所属し，診察・検査・手術などだけでなく，カルテ作成・種々の書類作成等も行っている。

　また，看護部門・コメディカル部門の様々な業務は，医師の診察・指示のもとで行われる。

看護部：看護師を中心にして准看護師や看護助手，保健師や助産師等が所属している。看護師は医師の指示のもとで，診察補助や投薬・点滴管理などを行うが，外来・病棟・手術室・救命センター・訪問看護など，それぞれの配置で担う業務は大きく異なる。さらに，患者・患者家族と医師の間のコミュニケーションを円滑にし，治療を順調に進める上での支援を行うなど，チーム医療でも重要な役割が期待される。

コメディカル部：薬剤科，栄養科，検査科，リハビリテーション科などから構成される。

・ 薬剤科には薬剤師が属し，医師の処方せんに基づき薬剤や医薬品の供給・提供を行う。

・ 栄養科には，管理栄養士が所属し，献立作成や栄養管理調理・食事指導，病気予防や健康な生活のための食に関係する助言を行う。

・ 検査科は，細菌・血液等の検査を行う臨床検査師，レントゲン撮影や MRI・CT スキャンなどの装置を操作して検査する診療放射線技師等が所属している。

・ リハビリテーション科は，理学療法士・作業療法士・義肢装具士・言語聴覚士

等が，身体に障害や機能低下が生じた人に対して，日常生活の継続や社会復帰をめざすための支援や訓練を行っている。

事務部門

事務部門は，医療部門のサポートを機能とするスタッフ部門である。

医事部：受付や診療報酬請求書作成をするレセプト請求業務などを行う。受付窓口などで患者や家族と接することが多く，最近はアウトソーシングするケースが増えている。

総務部：資材や医薬品など物品購入やその維持，施設管理をする用度課，購入物品の支払いや給与等の会計業務を行う経理課，人事労務管理などの人事課などからなっている。

情報管理部：院内業務の電子化に伴って，電子カルテ・レセプト請求・会計情報等の院内の情報機器・システムを管理する部門である。

スタッフ部門には，これらの他に，経営分析などを行う経営企画部がある。

これらの事務部門全体を統括するのが事務長である。事務の各部を取りまとめ，業務がスムーズに進むように調整する。同時に医療部門と事務部門が支障なく機能するように調整することも求められる。自治体や地域の保健所との会議など院外との調整業務を行うこともある。

4. 医療組織の特徴

医療部門で働く人びとに共通しているのは，専門知識や技量があるだけでなく，国家資格を有している必要があることである。つまり，知識・技量が一定水準以上であることが，公的に証明されていなければならない。さらに医学の進歩が日進月歩であることから，常により高い専門知識・技量を修得し続けることが求められる。

医療部門とは異なり，事務部門には国家資格の保持が必須条件となる職務はないが，職務の複雑化・高度化に伴って最近では民間資格（診療情報管理士・医療クラーク等）の有資格者が勤務していることが少なくない。

医療機関の職務は人間の生命や生活に直接的な影響を与えることから，どちら

の部門でも職務遂行に際して細心の注意と高い倫理観が求められる。

　そのため，医療組織はその専門分野毎の職能別組織であり，職務権限（＝責任）や指示のルートが明確な官僚制組織（第 2 章参照）に近似した構造となることが一般的である。

14.2　医薬品業界

1.　医薬品業界

　医薬品業界は人々の生命や健康を左右する医薬品を製造・提供することから，高い社会性や公共性が求められ，主に営利組織から成る業界である。

　日本の医薬品市場は 2 種類に分類される。そのうちで約 90％を医師の処方が必要な「医療用医薬品」が占めるため，その販売先となる医療機関と密接に関係している。私たちがドラッグストアや薬局などで自分で選んで購入できる医薬品＝ OTC 医薬品は，約 10％にすぎない。

　さらに医療用医薬品には，先発医薬品と，新薬の独占販売期間が過ぎた後に発売される後発医薬品＝ジェネリック医薬品がある。ジェネリック医薬品は，新薬と同じ有効成分を持つのに価格は新薬の半分以下となるため，医療費を減らす目的でその使用が促進されている。

　しかし，ジェネリック医薬品が発売されていない新薬もまだ多いことから，そのシェアは約 10％程度であり，新薬が約 90％を占めている。したがって，医薬品メーカーの経営戦略上，新薬の開発は重要なカギとなる。

　しかし，医薬品メーカーが行う新薬の開発には長い歳月と巨額な開発費，さらに研究開発したものが新薬となる確率は 3 万分の 1 という高いコストとリスクを伴う。そのため医薬品メーカーは，長期間におよぶ莫大な投資を維持できる世界的なメガファーマが優位となってきた。この状況に対して，日本国内の企業も大学等の研究所と連携し IT 企業など他業種の企業と協力することで，国際競争力のある新薬開発にとりくんでいる。

2. 医薬品メーカーの組織

医薬品メーカーでの職能は次の3つに大別できる。

(1)総務（事務）部門　(2)医薬品の研究・開発,製造部門　(3)営業部門である。このなかで(3)は,主に医療機関を対象に行われる。医薬品メーカーにおいても,(2)(3)の専門性が高いため職能別組織となっていることが多い（図表14-2）。

図表 14-2　医薬品メーカー組織図例

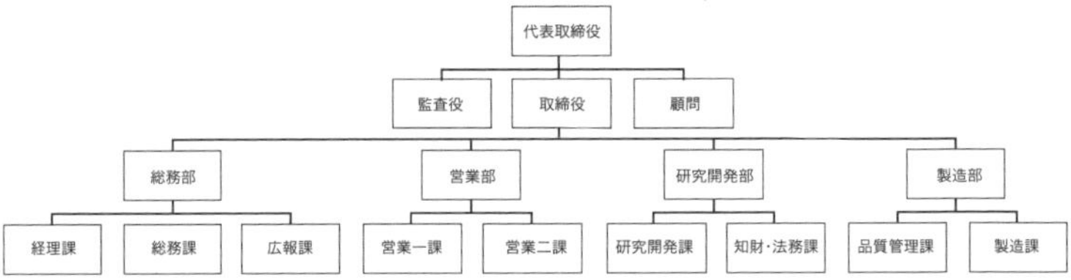

```
                          代表取締役
                             │
              ┌──────────┼──────────┐
            監査役       取締役        顧問
                             │
    ┌────────────┬────────────┬────────────┐
  総務部         営業部       研究開発部       製造部
    │            │            │            │
┌──┼──┐    ┌──┼──┐    ┌──┴──┐    ┌──┴──┐
経理課 総務課 広報課 営業一課 営業二課 研究開発課 知財・法務課 品質管理課 製造課
```

出所：筆者作成。

14.3　医療機器業界

医療機器は製品の大きさや形から用途,価格に至るまで多種多様であり,現代医療において医療行為を行う際に常に使用されている。PETやMRI・人工透析器等の病院内に設置される先端技術を駆使した高額な装置から,人工血管・ペースメーカー等の生体内で機能するもの,コンタクトレンズといった身近で安価なものまで幅広く,この医療機器市場は約2.9兆円（平成30年）である。

これらは用途別に次のように大別される。

①診断機器群：診断用X線機器,超音波画像診断機器,CTのような「画像診断システム」,心電計,内視鏡のような「生体現象計測監視システム」,血液検査機器・遺伝子検査装置のような「医用検体検査機器」

②治療機器群：採血・輸血用機器,カテーテルといった「処置用機器」,レーザー治療・ガンマナイフのような「治療用および手術用機器」,メス・鉗子と言った手術の際に使用される「鋼製機器」　さらに,心臓ペースメーカー・人工骨等の「生体機能補助・代行機器」

③その他：眼科用品，歯科用機器・材料，衛生用品，家庭用医療機器など

医療機器はその機器の人体に及ぼす危険度に応じて国際的なクラス分類がある。

【クラス 1】　一般医療機器　：人体へのリスクが極めて低いもの

【クラス 2】　管理医療機器　：人体へのリスクが比較的低いもの，かつ適合性確認基準に合致するもの

【クラス 3】　高度管理医療機器　：人体へのリスクが比較的高いもの

【クラス 4】　高度管理医療機器　：生命の危険に直結する恐れがあるもの

さらに日本国内において医療機器を製造・輸入・販売するためには，厚生労働大臣の承認が必要である。一般的名称が定められ，名称ごとにその定義や不具合が起きた際の人体に対するリスクに応じて安全対策をとるべくクラス分類され，これに応じて適切な規制が行われている。

医療機器は多種多様であるが，その機能は人間の生命や健康に影響を与えるものであることから，企業独自の品質管理だけでなく公的な規制の対象となる。

製品同様，医療機器メーカーも様々であるが，主な取り扱い製品とその技術，企業規模には，一定の傾向をみることができる。

画像診断システム等の診断系機器と治療系機器を扱う医療機器メーカーは年商 500 億円以上の企業に多い。これらには先端技術が駆使され，製品開発には高額の費用が必要となる。これらの機器はまた，国際クラス分類においてもクラス 3.4 に位置づけられている。年商 100 億円から 500 億円の企業では，治療系機器およびその関連機器を主に取り扱っている。年商 10 億円以下の企業では治療系機器およびその関連機器と共に，歯科用品およびその関連機器と家庭用機器類も取り扱っている。年商 1 億円以下の企業では主に家庭用医療機器(国際クラス分類 2.1)を取り扱うことが多くなっている。

14.4　医療機関経営とアウトソーシング

1.　アウトソーシングの目的

　医療機関は合理的で効率の良いアウトソーシング（外部への業務委託）を積極的に行っている。その理由の一つは人件費の削減である。医療機関のコストの中で，人件費が占める割合は総じて高い。第二には，医療部門のメンバーを雑多な業務から解放し，より専門性の高い業務に専念できるようにするためである。急速な医学・医療技術の進歩に伴って，医療部門のメンバーに要請される専門性もまた急速に高くなっており，これらをキャッチアップする時間や労力が必要となる。第三に，専門性の課題は同様に，高度化する医療機器・電子機器のメンテナンスや検体検査技術，あるいはホスピタリティを伴うサービスなどでも生じている。院内のメンバーで対応するレベル以上のことがアウトソーシングでは可能になる点があるからである。

2.　医療系アウトソーシング

　以下の8点については，医療機関内の医療部門に所属する人々だけが行うのではなく，外部の企業に業務を委託することができる。ただし，外部の企業が医療機関の業務委託を受けるためには，医療法施行規則で定められた基準を満たす必要がある。

> ①検体検査　　②医療用具等の滅菌消毒　　③病院における患者給食
> ④患者搬送　　⑤医療機器の保守点検　　　⑥医療ガス供給設備の保守点検
> ⑦病院向リネンサプライ　　⑧施設の清掃

3.　事務系アウトソーシング

　医療機関のアウトソーシングは，事務部門においても積極的に行われている。

　医療機関では通常の企業会計に加えて，医事会計が必要となる。保険医療機関においては，医師のカルテに基づいて診療報酬点数から診療報酬を算出し，診療報酬明細書（レセプト）を作成して支払機関（国民健康保険等）へ請求する一連の業務である。これに加えて，診療窓口の受付業務等，医事部の業務を代行する医療事務代行業務がある。

4.　まとめ

　医療機関は人命・健康などかけがえのないことに関わるために，特にライン部門で働く人々には常により高度な専門的な知識・情報と技量が要求される。そのため職能別組織となるが，医薬品・医療機器メーカーにおいても新薬・先端技術開発等，高度な専門性が要請される企業では同様の傾向となることが多い。

　医療機関（病院・診療所）は非営利組織だが，その業務に不可欠な医薬品・医療機器は営利企業によって提供されている。さらに，現在ではライン部門である医療部門，スタッフ部門である事務部門でも営利企業へのアウトソーシングが進められている。こうした医療にかかわる企業の製品やサービスには，法的な規制や第三者による許認可が課されていることが多い。これは，利用者（患者・医療従事者）の安全を確保するためにある。

　現在，日本の医療体制は非営利組織である医療機関と営利組織である企業が市場を通じて連携することによって，より効率的・合理的な運営をめざしている。

図表 14-3

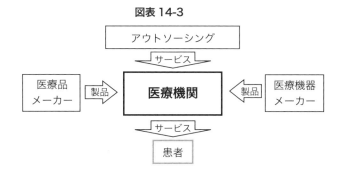

出所：筆者作成。

Key Word ①：医療関係者に求められる「高い倫理観」

　紀元前5世紀のギリシャの医師，ヒポクラテスによって医師の職業倫理が示され，この現代版として「ジュネーブ宣言」がある。時代的背景により修正されてきたが，ヒポクラテスの主旨は受け継がれ，主に①人類への貢献，②道徳的・良識的配慮，③人命の尊重，④守秘義務，⑤患者の差別禁止，からなっている。高度化・複雑化した医療を支えるために，現代の医療サービスは医師だけではなく専門知識・技量を有する多数の専門職が組織化され支えている。医療機関だけでなく，医薬品・医療機器メーカー，さまざまなアウトソーシングの受託企業に属する人にもこれが求められる。

Key Word ②：アウトソーシング

　アウト（外部から）＋ソーシング（調達する）を意味するが，主に人材とそのサービスを調達する場合に，使用される用語である。契約によって，業務を行う人やそのサービスを他の会社から提供されることで，複数のメリットがある。専門性の高いサービスをより低コストで調達することができれば，その分の資金をより付加価値の高い業務に使用することができるため，組織の成長や競争力の強化につながる重要な経営手法である。

ブックガイド（発展的学習のために）

中村恵二・山口大樹・安藤恵子（2019）『病院業界の動向とカラクリがよくわかる本（第3版）』秀和システム

川越満・布施泰男（2016）『よくわかる医療業界』日本実業出版

『会社四季報業界地図2021年版』（2020）東洋経済新報社

真野俊樹（2020）『はじめての医療経営論』有斐閣

参考文献

中村恵二・山口大樹・安藤恵子（2019）『病院業界の動向とカラクリがよくわかる本（第3版）』秀和システム

経済産業省「経済産業省における医療福祉機器産業政策について」< https://www.med-device.jp/pdf/20210218-kaigi_11_meti.pdf >（参照日：2021年6月16日）

iroots-search「医薬品業界の「これだけは押さえておくべき」最低限の知識」< https://iroots-search.jp/10695 >（参照日：2021年6月16日）

第 15 章

スポーツ組織の組織論

†

●予習課題①

　スポーツとは何か？　まずはスポーツとは何かを改めて考える。またスポーツは実際に「する」だけではなく，それ以外のものが無いかを考えてみる。

●予習課題②

　スポーツにおいて「集団」が「組織」になるために必要なことを考えてみる。

●予習課題③

　一概にスポーツ組織といっても多種多様であるが，具体的にどのような組織があるのかを考えてみる。

15.1　スポーツ組織の形態

　スポーツ組織と言っても実は様々な形態がある。スポーツクラブ，フィットネスクラブ，スポーツを企画するイベント会社，オリンピック組織委員会 (IOC)，小学校の運動会を企画する体育委員会など多種多様なスポーツ組織が存在する。これらに共通しているものは「スポーツ」と「組織」であるが，まずは，そもそもスポーツとは何かを改めて考えていきたい。

　「スポーツ」は日本語ではなく外来語であり，言うなれば概念や考え方は和式ではなく洋式である。スポーツ研究の泰斗である友添秀則氏の研究から，古今東西のスポーツの概念をまとめたものが図表 15-1 である。

図表 15-1　スポーツの概念

スポーツの概念

Diam,C.	スポーツとは遊びがルールに規制されて競争されたものである。
Coubertin,P.de	進歩への欲求に立ち，危惧を冒しても先に進もうとする集中的な筋肉の努力に対する自発的で日常的な信仰である。
Lüschen,G.	スポーツとは身体的な技術を用いる活動である。
Edwards,H.	スポーツとは身体的努力の発揮する強調する活動である。
Roy,J.W.	スポーツとは身体的卓越性を表す活動である。
Weiss,P.ひ	スポーツとは身体的卓越性をめざす人たちが示す，ルールによって伝統化されたとつの形式である。
Keating,JW.	スポーツの本質は競争だが，「競技（Athletics）」とは反対に，穏やかさや寛大さとともに楽しさの特徴をもつ。
Gillet,R.	スポーツとは遊戯，闘争，激しい肉体活動の3つの要素で構成される身体活動である。
Traleigh,W.P.	スポーツとは同意したルールの下で，身体的卓越性を相互に追求することである。
Guttman,A.	現代のスポーツを特徴づけるメルクマールとして「世俗化」「競争の機会と条件の平等化」「役割の専門化」「合理化」「官僚的組織化」「数量化」「記録万能主義」を挙げた。
友添秀則	近代スポーツが保持してきた資本の論理，自由競争の論理，平等主義の論理，禁欲的な論理，モダニズム等のスポーツ独自の論理を中核にしながら，人類が長い歴史的過程の中で醸成されてきた可変性をもった人間の身体運動に関わる文化の総体である。

(注)　友添（2009, p.31）をもとに筆者が加筆修正した。この詳しい研究内容は関（2019）を参照されたし。

　スポーツそれ自体は活動を示しているが，スポーツには様々な価値や役割が随伴していることが分かる。詳しくは後述するが，スポーツは「する（活動）」だけではなく，スポーツを「みる」，スポーツ大会を「支える」，スポーツチームを「運営する」など，スポーツ組織が人々に提供する事業（サービス）は広範にあることへの理解が大切である。スポーツ事業とは「スポーツ生活に必要な者やサービスを継続的・反復的に提供する仕事」（清水，2002, p.28）のことであり，マネジメントが不可分である。

　次に「組織」である。単なる人々の集まりは集団（グループ）であり組織（オーガニゼーション）とは異なる。以下，図 15-1 をもとに異なることを説明する。

図表 15-2　スポーツ集団とスポーツ組織の違い

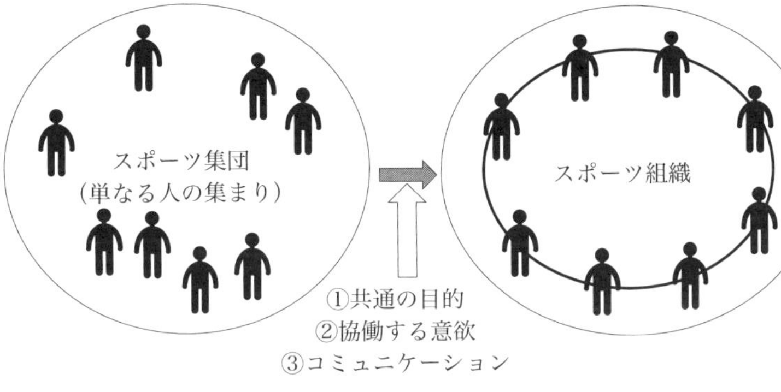

スポーツ集団
（単なる人の集まり）

スポーツ組織

①共通の目的
②協働する意欲
③コミュニケーション

　Barnard, C.I.(1938) によれば，集団が組織になるためには三つの要素を満たす必要がある。一つ目は「①共通の目的」であるが，集まった人々がそれぞれ別々の目的をもっていたら，組織が目指すべき方向が定まらず，ひとつとなって進むことができない。そのため，組織は「ミッション（目的：使命・存在意義）」と「ビジョン（目標：将来の姿）」を明示し，組織内の人々に合意してもらう必要がある。二つめは「②協働する意欲」であるが，「①共通の目的」を達成するためには，組織内の人々が各々の能力を惜しみなく組織へ提供しなくてはならない。また協働するためには「③コミュニケーション」が必須となる。スポーツ集団とスポーツ組織の具体的な違いは，大学におけるサークルと体育会系を考えると分かりやすい（図表 15-3）。

図表 15-3　スポーツ集団とスポーツ組織 – サークルと体育会系 –

	スポーツ集団 サークル	スポーツ組織 体育会系
①共通の目的	楽しさ	全国優勝
②協働する意欲	参加は自由 辛い仕事は無い 約束を守る程度	無断欠席禁止 辛い仕事は分配 命令は遵守
③コミュニケーション	嫌なメンバーとは無縁 緩い結びつき	嫌なメンバーとも協働 固い絆

サークルの場合，「①共通の目的」は「楽しさ」となるであろうが，そこには
かなりの多様性があり，個々人によっても大きく異なってくる。一方，体育会系
の場合，「全国優勝」という確固とした「①共通の目的」があり，この目的を成
し遂げたいメンバーたちが集っている。そのため，メンバーたちの個人的な自由
は制約され，サークルよりも「②協働する意欲」が強調される。そのため「①共
通の目的」を遂行するために，気が合わない嫌なメンバーとも協働を促進する「③
コミュニケーション」が大切となり，組織のパフォーマンスを最大化することが
ねらいとなる。

　実は，スポーツ組織にみる体育会系においても「ミッション（目的：使命・存
在意義）」と「ビジョン（目標：将来の姿）」は組織で異なる（図表 15-4）。

図表 15-4　スポーツ組織のミッションとビジョン

	スポーツ組織 体育会系 A	スポーツ組織 体育会系 B	スポーツ組織 体育会系 C
ミッション （目的）	スポーツを通じた 人間形成	スポーツを通じた 地域社会との共生	スポーツを通じた 文化創生
ビジョン （目標）	メンバー全員の学業成績を 上位 1/3 以上にする	賛助会員数を 地域住民の 50％以上にする	オリンピアンを 10 年以内に輩出する

　ミッションとは不変的なもので，組織が永続するための目的を示すものである
が，他方のビジョンは可変的なもので，組織の目的を遂行するために策定された
目標を示すものである。ビジョンが達成された後は，ミッションに照らし合わせ
て，また新たなビジョンへと書き換えられる。

15.2　プロスポーツ組織とアマチュアスポーツ組織

　スポーツ事業を職業的専門とした組織は「プロスポーツ組織」とよばれ，代表
的なものとしては球団（クラブ／チーム）や統括団体（日本野球機構 NPB，日本プ
ロサッカーリーグ J リーグなど）などがある。特にプロスポーツの試合は，「みる」
というスポーツコンテンツを主軸とし，人々にスポーツを提供する営みである。
「みるスポーツ」は，個々の球団（クラブ／チーム）が特定の統括団体に加盟し，

複数のチームとの競争（協働）の繰り返しによって成立する点に特色がある（S. Mason, 1999；松岡, 2017）。そして「みる」だけが独立した価値ではなく，そこにはファンが「支える」，スポンサー企業が「儲ける」，地域社会を「象徴する」など，ステイクホルダー（利害関係者）が多種多様に共存し合っている。

　一方，「プロスポーツ組織」とは対極に「アマチュアスポーツ組織」がある。「アマチュア」はラテン語の amator（愛好家）が語源であり，営利（金銭など）を目的とするのではなく，純粋にある事を志向する人のことを指している。すなわち，アマチュアスポーツとは，単にスポーツを趣味として志向することである。その精神性は「アマチュアリズム」と呼ばれ，「近代オリンピック」の根幹となっている。1896 年に近代オリンピックはスタートしたが，大会を統括する国際オリンピック委員会 (IOC) は，アマチュア以外の者を「(1) 金銭のためにプレーする者」，「(2) プロと一緒にプレーする者」，「(3) 体操教師もしくはトレーナーとして金銭を受ける者」と規定し，アマチュアとは区別していた (Jim & Vassil, 2005 などが詳しい)。

15.3　スポーツ組織の分類

　柳沢ら（2017）のスポーツマネジメントに依拠すれば，スポーツ組織は「参加型スポーツのマネジメント」「観戦型スポーツのマネジメント」「対象に応じたスポーツマネジメント」に大別し検討することができる。以下にそれぞれの概要をみていく。

1.　参加型スポーツのマネジメント

　参加型スポーツとは換言すれば「するスポーツ」のことである。「するスポーツ」に提供される「スポーツサービス」は，その提供するスポーツ組織によってマネジメントは異なる。

　「するスポーツ」の代表格は学校スポーツ（部活動）であるが，児童生徒の誰もが平等に参加する機会が保証され，積極的にスポーツを行うことができるようにすることが求められ，「スポーツの教育的機能」を担うマネジメントの工夫が

求められる。地域スポーツでは,「スポーツの社会的機能」を最大化することが求められ,地域住民が主体的に交流し,良好な関係性を構築し,地域のコミュニティづくりに寄与するマネジメントが期待される。一方,商業スポーツ(民間スポーツ)では,企業側が営利を追求しつつも,厳しい市場競争の中で生き残るための「スポーツサービスの経済的価値」を高めるためのマネジメントが要求される。

以上,参加型スポーツのマネジメントには,スポーツを行うための場,機会を提供することは共通しているものの,それぞれのスポーツ組織の目的や役割によって大きく価値が異なることを理解することができる。

2. 観戦型スポーツのマネジメント

観戦型スポーツとは「みるスポーツ」とも呼ばれる。オリンピック,ワールドカップなどのメガ・スポーツイベントや集客力の高いプロスポーツリーグなどの観戦型スポーツでは,人々のスポーツへの関心や興味を高め,スポーツを「みる」ことによって感動,楽しさ,エンターテインメントとしての付加価値を与えることがミッションとなる。また,観戦型スポーツは,スポーツ産業の成長ならびに活性化にともない,大きな経済的効果を生み出す。特にメガ・スポーツイベントの誘致や開催などは,国際貢献や交流の機会となり,ホスト国の経済発展や国際平和に大きく寄与する。

「観戦型スポーツ」は「みる」人々だけが顧客ではない。例えば,メガ・スポーツイベントでは,協賛社(スポンサー),放映会社,旅行会社,地元商店そして国家までもが顧客となり,ステイクホルダーの外延はとても広い。協賛社であればブランディング,放映会社であれば視聴率,旅行会社であれば販売益,地元企業であれば購買益などが期待される。これらは相互連関の構造であり,互いの利害を一致させ,全ての顧客に利益が生じるマネジメントを要する。

3. 対象に応じたスポーツマネジメント

対象に応じたスポーツマネジメントとは,運動やスポーツの実践が必要な対象者を特定し,その対象者へスポーツサービスを提供することである。本節では「子

ども」「高齢者」「障がい者」を対象にみていく。これらの対象を論じていく上では「スポーツ」を機軸に語るよりは，どちらかと言えば「体育」の色彩の方が相応しい。そこでアメリカで経営学を学び日本へ体育のマネジメントを持ち込み「体育経営学（当時は体育管理学）」の学問体系をつくった宇土正彦（1985）の体育事業論を手掛かりとする。宇土の体育事業を整理したものは図表 15-5 である。

図表 15-5　宇土正彦の体育事業論

体育事業名	内容	別称
Area Service（A.S.）	運動する施設や用具を提供	施設経営
Club Service（C.S.）	仲間づくりを提供	クラブ経営
Proglam Service（P.S.）	運動するプログラムを提供	企画経営

(注) 宇土 (1985) の論考を筆者が整理した。

　近年は，スマホ，携帯ゲーム機の普及によって「子ども」の運動離れや体力低下が社会問題となり，子どもたちへスポーツの場や機会を提供することが重要な課題となっている。

　子どもたちの生活実態やスポーツに対するニーズに対応した場，機会を整え，運動やスポーツ活動を子どもたちへ提供することはスポーツマネジメントに課せられた重要な使命といえる。例えば「A.S.」は，子どもたちが自由に遊ぶことができる公園，体育館等々，「C.S.」はスポーツ少年団，「P.S.」は学校の運動会，キャンププログラム等々である。

　高齢者とは 65 歳以上と捉えられているが，高齢者を対象とする運動やスポーツは，心の健康とともに身体の健康にも十分に留意しなければならない。スポーツによる過度な負荷は，心の健康にも影響を及ぼし，身体的にも筋肉損傷，関節痛などの傷害が発生する可能性がある。高齢者へスポーツを提供する機会としては，例えば「A.S.」は安全な遊歩道，パークゴルフ場等々，「C.S.」は町内会クラブ，「P.S.」は健康や栄養のための教室などが考えられる。

　パラリンピックの普及にともない障がい者スポーツは社会に広く認知され，目覚ましい発展を遂げた。障がい者スポーツを支援し統括する団体として，（公財）日本障がい者スポーツ協会，（一財）全日本ろうあ連盟，全日本盲学校体育連盟

などのスポーツ組織が設立されている。障がい者スポーツの支援として，例えば「A.S.」は障がい者が安心安全に利用できるスポーツ施設，「C.S.」は定期的に仲間と活動することができるクラブ，「P.S.」は障がい者のために新たに開発されたスポーツプログラムなどが考えられる。今日では，障がいのある人もない人も一緒にスポーツを楽しむ環境づくりが薦められ，障がい者スポーツからアダプテッド・スポーツへ新たな展開をみせ始めている。アダプテッド・スポーツとは，対象とする人を「健常者と同じルールや用具の下にスポーツを行うことが困難な人々」（藤田，2006）を指している。

　以上，対象に応じたスポーツマネジメントを概観してきたが，対象によって経営の主体は必然と異なり，またマネジメントも大きく異なる。スポーツ組織が必要とする資源（ヒト，モノ，カネ，情報）の調達，分配，調整の方法は複雑である。しかしながら，あえてスポーツ組織の普遍性を言及すれば，スポーツ組織の大小を問わず，やはり「ミッション（目的：使命・存在意義）」と「ビジョン（目標：将来の姿）」が重要となり，スポーツが果たすべき使命をどのように捉えマネジメントしていくのかが鍵となる。

Key word ①：勝利至上主義

　勝利のためには手段を選ばず。このような行為は勝利至上主義と呼ばれ，結果としての勝利が重要なのか，あるいは結果にいたる過程が重要なのかといったことが問題となっている。

Key word ②：部活動

　一般的に部活動は，「運動部活動」と「文化部活動」に大別され，スポーツという観点では従来は「運動部活動」のみを対象にしてきた。しかしながら今日では，「部活動」という大きな括り付けで，理想的な運営の仕方，よりよいクラブづくりなどが議論されている。

ブックガイド（発展的学習のために）

《勝利至上主義をより深く理解するために》

川谷茂樹（2005）『スポーツ倫理学講義』ナカニシヤ出版

関朋昭（2015）『スポーツと勝利至上主義』ナカニシヤ出版

《部活動の運営や考え方を知るために》

神谷拓監修（2020）『部活動学』ベースボールマガジン社

ブックガイド

松岡宏高（2017）「スポーツリーグの形態とスポーツマネジメント」柳沢和雄・清水紀宏・中西純司編『よくわかるスポーツマネジメント』ミネルヴァ書房，pp.92-93

松岡宏高（2018）「スポーツ組織のマネジメントと事業のマーケティング」公益財団法人日本スポーツ協会『公認スポーツ指導者養成テキスト共通科目Ⅱ』，pp.87-106

関朋昭（2019）「勝利至上主義に対する批判の反証－スポーツの定義と価値の観点から－」『北海学園大学経営学部経営論集』17（3）

清水紀宏（2002）「体育・スポーツ経営とは」八代勉・中村平編著『体育・スポーツ経営学講義』大修館書店

友添秀則（2009）『体育の人間形成論』大修館書店

柳沢和雄・清水紀宏・中西純司 編（2017）『よくわかるスポーツマネジメント』ミネルヴァ書房

藤田紀昭（2006）「アダプテッド・スポーツ」日本体育学会監修『新版スポーツ科学辞典』平凡社，p.385

Barnard,C.I.(1938)，*The Functions of the Executive*, Harvard University Press（山本安次郎・田杉競・飯野春樹訳（1956）『経営者の役割』ダイヤモンド社）

Jim Parry,Vassil Girginov(2005), *The Olympic Games Explained － A Student Guide to the Evolution of the Modern Olympic Games －*, Routledge Press（舛本直文訳（2008）『オリンピックのすべて―古代の理想から現代の諸問題まで』大修館書店）

S. Mason, D.(1999), What is the sports product and who buys it? The marketing of professional sports leagues, *European Journal of Marketing*, 33(3/4), 402-419

宇土正彦（1985）『体育経営学　改訂版』大修館書店

おわりに

　この書籍『経営組織論の基礎－要点整理－』の「はじめに」の箇所でも記されているように，経営学分野の中で組織論は基礎になる点を述べておきたい。実は，2018 年 4 月に出版された『マネジメントの基礎―企業と地域のマネジメント考―』（當間政義編著）と関連する書籍という位置づけであり，当時，執筆者としてご協力を頂いた東俊之先生（本書籍の編著者）との会話の中で，「今度は組織論ベースの書籍があっても良いですよね。特に，短期大学部や大学 1 年・2 年といった初期教育用のテキストとなる書籍が，経営学のイントロダクションとして必要ですよね。組織論って役に立つということをわかって欲しいですよねぇ……」という話の中から，本書籍の作成を手掛けることとなった。そういった意味で，各執筆者に対して，記述内容を全面的にお任せすることとし，編著者の要求としては全体的にとても平易な内容を心掛けて記述を行っていただいたと思っている。

　この書籍の構成は，「第 1 部　組織論の基礎」として第 1 章・第 2 章，「第 2 部　組織の中の個人（ミクロ組織論）」として第 3 章から第 6 章，「第 3 部　環境に囲まれた組織（マクロ組織論）」として第 7 章から第 10 章，そして「第 4 部　様々な組織体」として第 11 章から第 15 章となっている。これらの内容について個々に記述することは，「はじめに」の箇所で記されているのでここでは割愛するが，協調しておきたいのが第 4 部の 5 章分についてである。この 5 章分は様々な組織体の例として，戦略とまでは言い難いが応用編という位置づけとして，企業（第 11 章），流通（第 12 章），非営利（第 13 章），医療（第 14 章），スポーツ（第 15 章）の各分野の組織論として例に挙げてみた。もちろん，他にも様々組織が存在するが，基礎知識として身近な例としてピックアップしたのである。

　思い起こせば企画が持ち上がった時から 3 年余が経っている。その間，現在も続くコロナ（COVID-19）は非常に苦慮する禍である。このコロナ禍におかれ

た職場では，在宅勤務やオンライン会議等が取り入れられ，教育の現場もオンライン授業の形態が主となり情報ネットワークなどの使いこなしや資料作りなどで苦慮したと思われる。そうした中でも，執筆者は半ば匍匐前進のようであったが少しずつ記述や校正等を行い，ようやく完成を迎えるに至った次第である。忘れる事のない非常に印象に残る書籍である。

　最後になりますが，本書籍は五絃舎の長谷社長の取り計らいのもとで，ようやく完成まで辿り着いた。また，執筆者の皆様，長々とお時間を頂きたいへん恐縮しております。関係する皆々様に対しこの場を借りて，先ずは，著者を代表して，お礼とお詫びを言いたいと思う。

　2021 年 9 月

著者を代表して

當間 政義

索　引

著者紹介

池田 玲子（いけだ れいこ）修士（経営学）
　羽衣国際大学現代社会学部　教授　第14章担当
　研究分野：人的資源管理論，経営組織論

呉 贇（うー ゅぃん）博士（経済学）
　徳山大学経済学部　准教授　第11章担当
　研究分野：日本的経営，中国経済・経営史

北野 康（きたの こう）博士（経営学）
　和光大学経済経営学部　非常勤講師　第4章，第6章，第9章担当
　研究分野：リーダーシップ，モチベーション

関 朋昭（せき ともあき）博士（経営学）
　鹿屋体育大学スポーツ人文・応用社会科学系　教授　第15章担当
　研究分野：スポーツマネジメント

仁平 晶文（にひら あきふみ）博士（経営学）
　千葉経済大学経済学部　准教授　第2章担当
　研究分野：経営戦略論，経営組織論，組織間関係論

平井 直樹（ひらい なおき）博士（経営管理学）
　立教大学大学院ビジネスデザイン研究科　助教　第8章担当
　研究分野：経営組織，経営情報

堀野 亘求（ほりの のぶひで）博士（マネジメント）
　敬和学園大学人文学部共生社会学科　准教授　第13章担当
　研究分野：NPO，ソーシャルビジネス，協働によるまちづくり，中間支援組織

宮下 清（みやした きよし）博士（学術）
　長野県立大学グローバルマネジメント学部　教授　第5章担当
　研究分野：経営組織論，人的資源管理論，国際経営論

山本 知己（やまもと ともき）博士（経営管理学）
　NTTファイナンス株式会社クレジットカード事業本部（昭和女子大学現代ビジネス研究所）　第12章担当
　研究分野：マーケティング，流通業

編著者紹介

東 俊之（あずま としゆき）　第 1 章，第 7 章，第 10 章担当
　京都府，1977 年 11 月生まれ
　博士（マネジメント）
　長野県立大学グローバルマネジメント学部　准教授
　京都産業大学マネジメント学部　博士後期課程修了
　日本マネジメント学会　本部幹事
主な著書
　當間政義編著『マネジメントの基礎 - 企業と地域のマネジメント考 -』(2018) 五絃舎 (第 9 章「地域の技術を考える」，第 10 章「地域の産業を考える」執筆担当)。
　佐々木利廣編著・認定特定非営利活動法人大阪 NPO センター編『地域協働のマネジメント』(2018) 中央経済社 (第 1 章「地域・協働・ノットワーキングの組織論に向けて」第 3〜6 節，第 3 章「伝統産業地域における地域協働」執筆担当)。
　児玉敏一・佐々木利廣・東俊之・山口良雄『動物園マネジメント - 動物園から見えてくる経営学 -』(2013) 学文社。ほか。

當間 政義（とうま まさよし）　第 3 章担当
　埼玉県，1969 年 7 月生まれ
　博士（経営管理学）・博士（経営学）
　和光大学経済経営学部　教授
　立教大学大学院ビジネスデザイン研究科　博士課程後期修了
　日本マネジメント学会　常任理事・総務委員長（関東部会長，国際委員等歴任）
主な著書
　當間政義編著『マネジメントの基礎 - 企業と地域のマネジメント考 -』(2018) 五絃舎 (第 1 章「マネジメントの流れを理解する」1.1-1.3，第 11 章「地域の環境を考える」，第 14 章「組織のメンバーを理解する」14.1-14.2 執筆担当)。
　高垣行男編著，當間政義・城間康文『経営学 I - 基礎理論編 -』(2018) 五絃舎 (第 5 章「経営管理」，第 6 章「経営組織の構造」，第 7 章「経営組織の中の人間」執筆担当)。
　高垣行男編著，當間政義・城間康文・平井直樹『経営学 II - 応用編 -』(2018) 五絃舎 (第 2 章「経営資源における人材の側面」，第 7 章「日本的経営」，第 9 章「グローバル化する企業の経営」執筆担当)。ほか。

経営組織論の基礎
—要点整理—

2021 年 9 月 30 日　第 1 刷発行

編著者：東 俊之・當間 政義
発行者：長谷 雅春
発行所：株式会社五絃舎
　　　　〒 173-0025　東京都板橋区熊野町 46-7-402
　　　　Tel & Fax：03-3957-5587
　　　　e-mail：gogensya@db3.so-net.ne.jp
組　版：Office Five Strings
印　刷：モリモト印刷
ISBN978-4-86434-139-4
Printed in Japan　© 検印省略 2021